Anna Regeniter

Ein Jahr in London

Anna Regeniter

Ein Jahr in London

Reise in den Alltag

HERDER

FREIBURG · BASEL · WIEN

Für Hilde

Gedruckt auf umweltfreundlichem,
chlorfrei gebleichtem Papier

3. Auflage 2007

Originalausgabe

www.herder.de
Satz: Dtp-Satzservice Peter Huber, Freiburg
Herstellung: CPI Moravia Books, Pohorelice 2007
Umschlaggestaltung und Konzeption:
R·M·E München / Roland Eschlbeck, Liana Tuchel
ISBN 978-3-451-05741-0

Inhalt

August

Die Frau mit den langen, roten Locken an der Hotelrezeption spricht weder Englisch noch Deutsch. Sie spricht überhaupt nicht. Als ich ihr meinen Namen nenne, mustert sie mich kritisch, schaut in ein Buch und schüttelt dann den Kopf. Ich suche nervös in meiner Tasche nach der Hotelreservierung und halte sie ihr schließlich hin. Genauso wortkarg wie vorher schaut sie das Papier an, wirft dann ohne Erklärung einen Zimmerschlüssel auf den Tresen und zeigt zur Treppe hinter ihr. „Welcome to London", murmelt sie mit schroffer Stimme.

Hier bin ich also! Vom Fenster meines winzigen Zimmers aus kann ich einen Teil der Charing Cross Road mit ihren vielen Secondhand-Buchläden sehen und ein bisschen weiter entfernt das imposante, weißgetünchte Gebäude der *National Gallery*. Dazwischen hupen schwarze Taxis und rote Doppeldeckerbusse um die Wette, und Zeitungsverkäufer preisen lauthals die neuste Ausgabe des *Evening Standard* an. „Neuer U-Bahn-Streik angekündigt! Heute nur zwanzig Pence!"

Seit ich vierzehn Jahre alt war, träumte ich davon, eines Tages in der Haupstadt *Cool Britannias* leben zu dürfen, und jetzt bin ich endlich angekommen. Ich denke an all die Sachen, die mir in der kommenden Woche bevorstehen. Das Vorstellungsgespräch als Deutschlehrerin an der *Parkland High* in Nordlondon findet erst in acht Tagen statt, aber bis dahin muss ich unbedingt eine Wohnung finden, und, fast noch wichtiger, Engländer kennenlernen.

Aber wo soll ich anfangen? Nachdem ich den Koffer ausgepackt habe, mache ich mir mit dem Wasserkocher, der in England zur Grundausrüstung gehört, eine Tasse Tee und beginne, in meinem dicken Reiseführer zu lesen. Darin heißt es, in London lerne man die Einheimischen am besten im Pub, im Park oder durch Freunde von Freunden kennen. Letzteres scheidet schon mal aus, da die wenigen Auswanderer unter meinen Bekannten sich alle entschlossen haben, in südlichere Gefilde als England zu ziehen.

Also habe ich zwei Möglichkeiten: Ich könnte mich in einen Pub setzen und dort warten, bis mich jemand anspricht, beziehungsweise mich selbst betrinken, so dass ich keine Scheu mehr habe, Fremde anzusprechen. Oder ich könnte mich mit einem Buch in den Park setzen und warten, bis ein selbstloser Londoner Mitleid mit mir empfindet. Die erste Option erscheint mir die weitaus angsteinflößendere, also mache ich mich am nächsten Tag mit meinem Reiseführer in der Hand auf zur *Hampstead Heath.*

Hampstead Heath ist eine riesige Grünfläche im Norden der Stadt, die mit der U-Bahn in zwanzig Minuten vom Stadtzentrum aus zu erreichen ist. Sie liegt auf einer Höhe von 80 Metern über dem Themsetal, so dass man bei gutem Wetter kilometerweit sehen kann. Besonders im Abendlicht hat man eine unvergessliche Aussicht – von den Wolkenkratzern des Londoner Finanzplatzes im Osten der Stadt über das angeleuchtete Riesenrad des *London Eye* am Südufer der Themse bis zu den Parkanlagen des *Kew Gardens.* Die Millionenstadt liegt einem dort zu Füßen.

An diesem Tag allerdings kann ich durch den Fisselregen gerade mal das gegenüberliegende Ufer des kleinen Badesees ausmachen, um den ich nonchalant auf meiner Freundessuche herumspaziere. Kaum jemand ist unterwegs. Ein Regenmantel und Stiefel tragender Mann läuft mit zwei ebenfalls in Regenmänteln gekleideten Rennhunden an mir vorbei, und eine jüngere Frau schiebt ihren Kinderwagen langsam Richtung Spielplatz. Ansonsten sind die einzigen anderen Parkbesucher an diesem Tag dicke, graue Eichhörnchen, die sich frech bis auf einige Meter an mich heranwagen und dann schwanzschlagend wegspringen. Meine potentiellen Bekannten jedoch haben wohl mehr Scharfsinn als ich und sitzen wahrscheinlich allesamt in einem trockenen Pub mit einem knisternden Feuer vor sich. Und ich werde mich jetzt zu ihnen gesellen. Ich drehe noch eine kleine Runde durch den stillen Park, der so gar nicht den Eindruck vermittelt, als wäre man mitten in einer Weltstadt, und mache mich dann auf nach Hampstead Village.

Der Pub ist der Mittelpunkt des englischen Lebens, ein zweites Wohnzimmer, in das man vor allen häuslichen Sorgen fliehen kann. Daher ist die Wahl des „Locals", des Heimat-Pubs sozusagen, eine große Sache. Hausverkaufsannoncen schließen oft ab mit Bemerkungen wie: „Within 300 metres of nice, traditional pub" – nur 300 Meter bis zum nächsten schönen Pub. Was den Verkaufspreis wahrscheinlich gleich ein paar tausend Pfund hochtreibt.

Was ich heute brauche, ist allerdings kein uriger Traditionspub, wo sich ganze Familienklans mit ihrem Nachwuchs zum sonntäglichen Umtrunk und Braten treffen, ich suche einen Ort, an dem ich junge Leute finden könnte, die nichts dagegen haben, die Bekanntschaft einer Deutschen wie mir zu machen.

Ich betrete also voller Hoffnung den erstbesten Pub auf meinem Weg, ein kleines blumengeschmücktes, viktorianisches Gebäude mit dem Namen „Ye Olde White Bear". An Stelle lachender Stimmen und klirrender Biergläser begrüßt mich eisige Stille, und nachdem ich mich nach einigen Sekunden an die Dunkelheit gewöhnt habe, sehe ich, dass der Pub bis auf ein paar alte Männer, die mich entrüstet anstarren, weil ich sie offensichtlich beim Mittagsschlaf gestört habe, völlig leer ist. Ich kann schlecht einfach wieder umkehren, überlege, ob ich so tun sollte, als suchte ich nach einer Toilette, entschließe mich dann aber, mutig zu sein.

Erst an der Bar fällt mir ein, dass ich keinerlei Ahnung habe, was man als einsame Frau in einem Alte-Männer-Pub wie diesem denn bestellen könnte. Die Frau am Tresen sieht mich ungeduldig an.

„What are you having, love?"

Der dunkle Raum und die Stille, die jeden Ton mit völliger Klarheit von der einen Wand zur anderen schallen lässt, machen mich so nervös, dass ich kaum ein Wort rausbringe.

„A Baileys, please."

Die Barfrau guckt mich schräg an. Vielleicht wartet sie auf eine Mengenangabe? Ich füge schnell „a pint" hinzu, was mir in der Eile die einzige geläufige Maßeinheit für Alkohol im Englischen ist.

„A pint of Baileys?", fragt sie nach. Das erste unterdrückte Schnaufen kommt aus der Ecke neben dem Fenster, wo ein ziemlich struppig aussehender Mann mit Schirmmütze sitzt, dann bricht der Rest des Pubs in schallendes Gelächter aus.

„Man bestellt ein *Pint* Bier, aber einen *Shot* Baileys." Dabei zeigt sie auf ein 0,6-Liter-Glas, in das tatsächlich eine ganze Menge Baileys reinpassen würde.

„Das hier ist ein Pint-Glas. So viel wollen Sie doch wohl nicht wirklich, oder?"

„Oh, nein, natürlich nicht", sage ich leise und wünsche mir, ich wäre doch auf der Türschwelle wieder umgedreht.

„Na, dann eben einen *Shot* Baileys, aber einen großen, bitte."

Die alten Männer lachen weiter, und einer am Fenster ruft: „Würde die ja zu gern mal nach einem Pint Baileys sehen! Müsste sich anschließend wahrscheinlich eine Woche frei nehmen!"

Ich zahle und trage mein kleines Glas in den Biergarten, der zum Glück völlig leer ist, so dass mir weitere hämische Bemerkungen erspart bleiben. Was für eine dumme Idee, so ganz allein in den erstbesten Pub zu gehen! Wenn ich erst mal eine Wohnung gefunden habe und zu arbeiten beginne, werde ich schon genügend Leute kennenlernen. Ich hätte mehr Geduld haben sollen.

So sitze ich alleine auf der feuchten Bank und schaue mich um. Zum Glück hat der Regen aufgehört. Auf den Tischen um mich herum stehen Massen an leeren und halbleeren Pint-

Gläsern. Ich vergewissere mich, dass mich vom Innenraum des Pubs aus niemand sehen kann, und lasse dann ein leeres, relativ sauberes Glas in meine Tasche gleiten.

Endlich werde ich mir wieder die Haare mit warmem Wasser waschen können! Aus einem unerfindlichen Grund hat nämlich mein Hotel, wie fast überall in England, nicht einen Wasserhahn am Waschbecken und an der Badewanne, sondern jeweils einen für das heiße und einen für das kalte Wasser. Und das bedeutet, dass man beim Waschen die Wahl hat zwischen eiskaltem oder nahezu kochendem Wasser.

Aber von nun an kann ich in meinem Pintglas das Wasser aus beiden Hähnen mischen und habe somit diese kleine englische Unzulänglichkeit schon mal besiegt. Ich freue mich noch über meinen Scharfsinn, als einer der Kellner in den Biergarten tritt und beginnt, die leeren Gläser abzuräumen. Ein komischer Zufall, denke ich mir, dass er gerade jetzt erscheint, wenn er, der Menge an Gläsern nach zu urteilen, dies seit Stunden nicht getan hat. Bin ich doch beobachtet worden? Fliegt mein Diebstahl auf und ich aus England raus?

Stattdessen sehe ich, wie der riesige Stapel aufgetürmter Biergläser sich fast wie in Zeitlupe im Arm des Kellners immer weiter zur Seite neigt, die oberen Gläser herauszurutschen drohen und der Turm sich schon fast horizontal zur Erde biegt. Der Kellner sieht es auch, versucht, das Unheil mit seinem anderen Arm zu verhindern und die Gläser zu halten, aber es ist zu spät. Die Gläser fallen auf den Boden und zerspringen, ihr Inhalt sprüht durch die Luft, spritzt dem Kellner ins Gesicht und mir auf die Hose und die Schuhe.

„*Oh my God, I'm so, so sorry!*", ruft er hektisch, und wischt das Schlimmste mit dem Lappen ab, den er über seiner Schulter hängen hat.

„Oje, deine Hose ist ganz nass. Wie kann ich das nur wiedergutmachen?"

„Na, das kann ja jedem mal passieren", entgegne ich, „ist ja nur Bier."

Kleine Sünden bestraft der liebe Gott sofort, denke ich, und hebe vorsichtig meine ebenfalls durchnässte Tasche auf, bevor er anfängt, auch sie abzuwischen.

„Weißt du was, meine Schicht ist in zehn Minuten vorbei, dann gebe ich dir als Wiedergutmachung ein Bier aus. Was hältst du davon?"

Mein erster Gedanke ist, dankend abzulehnen, doch wer weiß, ob ich am heutigen Tag noch eine weitere Gelegenheit bekommen werde, mit einem Engländer ins Gespräch zu kommen. Und zwar mit einem sehr nett aussehenden noch dazu. Er hat, wie so viele Briten, ganz kurz geschorene, rotblonde Haare und ein typisch englisches Gesicht. Was daran so englisch ist, kann man gar nicht genau sagen, aber in Deutschland würde er als Ausländer auffallen.

Ich stoße mit dem Fuß ein paar Scherben weg und lächle ihn an.

„Ist nicht nötig. Aber wenn du darauf bestehst."

So lerne ich also Jake, meinen ersten waschechten Londoner, kennen, und nach ein paar Getränken und vielen Tipps, was man denn als richtiger Londoner alles so gesehen haben müsste, vereinbaren wir ein baldiges Wiedersehen, sobald ich eine Unterkunft gefunden und mein Vorstellungsgespräch überstanden haben würde.

„Und zieh bloß nicht nach Südlondon! Selbst die Taxifahrer weigern sich, dorthin zu fahren. Und du wärst viel zu weit weg von Highgate."

In Deutschland ist es bei vielen Häusern so, dass ihr Innenausbau dem höchsten Standard entspricht, sie von außen jedoch charakterlosen Betonklötzen gleichen – in England ist es umgekehrt. Man betritt eine mit Efeu und wilden Rosen bewachsene Villa, die zu Beginn des 20. Jahrhunderts erbaut wurde, um sich dann in einer Absteige wiederzufinden, die seit dieser Zeit keine einzige Renovierung erlebt hat. Und die nur zu mieten ist von Schlangenliebhabern mit einem Abschluss in Molekularbiologie. Denn bei vielen Wohnungen steht eine solch große Zahl von Interessierten zur Auswahl, dass die Vermieter oder „Landlords", wie sie im Englischen eleganterweise heißen, problemlos die tollsten Anforderungen stellen können.

Jeden Morgen stehe ich um sieben auf, um mir das Anzeigenblatt *Loot* zu kaufen, das hunderte von Wohnungs- und Zimmerannoncen enthält. Der pakistanische Kioskbesitzer kennt mich schon: „Na, haben Sie denn immer noch nichts gefunden? Aber verlieren Sie nicht die Geduld, Ihre Traumwohnung wartet schon irgendwo auf Sie."

Daran beginne ich allerdings allmählich zu zweifeln, denn nach einigen Tagen bin ich bei der Hälfte aller 275 Londoner U-Bahn-Stationen mindestens einmal ausgestiegen und habe trotzdem noch nicht mal eine halbwegs akzeptable Behausung zu Gesicht bekommen.

Ich schaue mir Wohnungen an, deren Decken von Schimmelbefall fast schwarz sind, Badezimmer, in denen Pilze ungehindert in die Höhe schießen, und einmal muss ich durch das Schlafzimmer eines Mitbewohners gehen, um zu dem zu vermietenden Zimmer zu gelangen. Was auch nicht hilft, ist die Tatsache, dass englische Wohnungsanzeigen sehr unpräzise sind. Wohnungen werden einfach danach klassifiziert, wie viele Schlafzimmer sie haben. Ein „one-bedroom flat" ist also eine 2-Zimmer-Wohnung, ein „two-bedroom flat" eine 3-Zimmer-Wohnung, wogegen eine deutsche 1-Zimmer-Wohnung „studio" genannt wird. Ich rufe bei einer als „good sized" beschriebenen Wohnung mit Doppelzimmer an, deren Vermieter meine Fragen sehr verwirrend zu finden scheint.

„*Sorry*, Ihre Wohnung in King's Cross, wie viele Quadratmeter hat die denn?"

„*Excuse me?* Was meinen Sie damit, Quadratmeter?"

„Oh, Quadratfüße?" Schließlich messen die Engländer ja alles in Füßen.

„Keine Ahnung. Quadratfüße? Ich weiß nicht. Sie ist ziemlich groß."

Und in London bedeutet das, wie ich bei späterer Besichtigung entdecke, ganze 20 Quadratmeter.

Einmal sehe ich mir eine Wohnung im Nobelvorort Kensington an, deren Mietpreis mir gleich verdächtig günstig erschienen war, nur um rauszufinden, dass die amerikanische Besitzerin von ihren Mietern verlangt, dass sie zweimal pro Woche kochen und auf ihre drei kleinen Kinder aufpassen. Lust, neben meinem Lehrerberuf auch noch eine halbe Au-pair-Stelle anzunehmen, habe ich eigentlich nicht.

Aber nach einer ganzen Woche vergeblichen Suchens reicht es mir endgültig, und ich entschließe mich, die nächstbeste Wohnung zu nehmen, egal wo und wie klein. Mittlerweile ist mir klar geworden, dass die einzige bezahlbare Unterkunft in London selbst mit meinem relativ hohen Lehrergehalt nur ein Zimmer in einem „shared house" ist. Das heißt: ein möbliertes Zimmer mit Kochnische plus geteiltem Badezimmer und Toilette und vielleicht noch einem Münztelefon auf dem Flur. Ich nehme entschlossen das Telefon in die Hand und melde mich auf alle Anzeigen, die auch nur irgendwie in Frage kommen.

„Hallo, ich rufe wegen dem Zimmer in Earl's Court an – ist es ..." Der Gentleman auf der anderen Seite hat schon aufgelegt.

„Hallo, ist es möglich, sich das Zimmer in Kilburn anzugucken?"

„Du hast boyfriend? Wenn boyfriend, dann nicht, wenn kein boyfriend, dann du kannst kommen, heute Abend um zehn. Du willst?"

„Wir haben es gerade vor einer Minute vermietet."

Ich will gerade aufgeben, als eine irische Stimme sagt, ich solle doch gleich vorbeikommen, und mir eine Adresse im nördlich gelegenen Primrose Hill nennt.

„Sie sind die Erste, die auf die Anzeige hin angerufen hat. Also, wenn Sie schnell sind, ist es Ihres!"

Wegen des irischen Akzents habe ich den Straßennamen nicht deutlich verstanden: 112 Gloucester Street – oder war es

Avenue? Als ich im Straßenverzeichnis meines Londoner Stadtplanes nachschaue, stelle ich mit Schrecken fest, dass es um die fünfzig verschiedene Gloucester Streets, Crescents, Avenues, Lanes, Mews, Rises und was nicht noch alles gibt. Als ich endlich eine Gloucester Avenue in Primrose Hill gefunden habe, ist bereits eine Viertelstunde vergangen, und ich muss mich beeilen, damit mir nicht doch noch jemand das Zimmer vor der Nase wegschnappt.

Ich springe in die U-Bahn, die natürlich gleich im ersten Tunnel für zehn Minuten stehen bleibt. Eine halbe Stunde später komme ich dann aber doch bei der Station *Chalk Farm* an, und renne über eine kleine Eisenbahnbrücke bis zu der von dem Vermieter genannten Straße. Aber auch hier hört meine Not nicht auf, denn leider legen Engländer nicht viel Wert auf Hausnummern. Einige Häuser haben gar keine Nummer, andere Leute haben ihre Hausnummer so gut hinter Efeu oder Gebüsch verborgen, dass es dem besten Detektiv schwerfallen würde, sie aufzuspüren, und noch andere halten es für vornehm, ihren Häusern anstatt von Nummern ausgefallene Namen zu geben. So findet man mitten in London, weit entfernt von jedem Park oder Wald, Häuser mit so klangvollen Namen wie „Eulenruf" oder „Waldesruh". Und Namensschilder an Klingeln sind gänzlich unbekannt. Ich frage später unzählige Bekannte nach dem Grund dafür, und immer ist die Antwort: „Das wäre doch viel zu gefährlich." Worin die große Gefahr besteht, seinen Namen für Fremde sichtlich am Haus anzubringen, kann mir allerdings niemand erklären.

Und so suche auch ich erst mal eine ganze Weile erfolglos nach Nummer 112. Ich finde wohl Haus Nummer 106, aber dann gibt es ein mysteriöses Ausbleiben jeglicher Kennzeichnung. Nur eine einsame 2 hängt neben der Tür eines der Häuser, und ich rechne mir aus, dass dies wohl mein gesuchtes Haus sein muss.

Ich schaue mich vergeblich nach einer Klingel um, und probiere es schließlich mit dem Türklopfer, einem leicht lädierten

Löwenkopf aus Messing. Die Tür wirkt mit ihren Säulen und Verzierungen fast wie der Eingang zu einem klassischen Tempel. Nichts rührt sich, und ich schaue mich in der Straße um.

Primrose Hill hat sich in den vergangenen dreißig Jahren von einem der heruntergekommensten Viertel in einen der reichsten und hippsten Stadtteile verwandelt. Aber schon immer haben hier viel Künstler gewohnt. In den 1960er und -70er Jahren lebten hier, angezogen von den billigen Mieten, die Dichter Sylvia Plath und Ted Hughes, der Photograph David Bailey und sogar Paul McCartney. Heute läuft man Supermodels wie Kate Moss und Schauspielern wie Ewan McGregor und Jude Law über den Weg. Und Schriftsteller und Popstars gibt es hier so viele, dass einem auf einem halbstündigen Spaziergang garantiert zwei oder drei begegnen.

Die New-Age-Druiden, die auf der Anhöhe des *Primrose Hill Parks* bei jeder Sommersonnenwende merkwürdige Zeremonien vollführen, bestehen darauf, dass die Faszination dieses kleinen Viertels darauf beruht, dass mehrere Erdenergielinien hier zusammenlaufen. Eine etwas langweiligere Theorie wäre, dass es hier einfach jede Menge gut erhaltener viktorianischer Villen gibt, und diese durch die Eisenbahnlinie und den Park so vom Rest Londons abgeschnitten sind, dass die Gegend tatsächlich den Eindruck eines in sich geschlossenen Dorfes macht – ein Dorf bewohnt nur von den Reichen, Schönen oder sonstwie Glücklichen.

Wie gerade ich dieses Glück verdient habe, weiß ich nicht, aber der Haken an der Sache wird mir offenbar, als der irische Vermieter endlich an der Tür erscheint und mich zu dem Zimmer führt. Barry Byrne ist ein riesiger Mann Anfang fünfzig, der aussieht, als hätte er in letzter Zeit einige *Guinness* zu viel getrunken. Aber sein melodischer irischer Akzent macht ihn mir gleich sympathisch. Für den in der Zeitung angegebenen Preis hatte ich ein kleines Penthouse mit Swimmingpool erwartet, und von außen sieht das Haus auch in der Tat sehr ansehnlich aus: Es liegt in einer mit alten Ahornbäumen bewachsenen, halbmondförmig verlaufenden Straße mit um die Jahrhundertwende gebauten Häusern, deren Türen alle in unterschiedlichen Farben gestrichen sind – nur die Kutschen und der Nebel fehlen noch, und man könnte in einem Sherlock-Holmes-Film sein.

Doch als ich Barry die Treppe hinauffolge und die Tür des Zimmer öffne, finde ich mich in einer Art Wandschrank wieder, in dem man Schwierigkeiten hat, sich einmal um sich selber zu drehen, geschweige denn, auf- und abzulaufen. Der Teppich ist dunkelgrün, die Tapeten haben Blümchenmuster auf grünem Hintergrund, und selbst der wahrscheinlich im Sperrmüll gefundene Ohrensessel passt in das Farbschema. Grün, denke ich, ist die Farbe der Hoffnung und allen Neubeginns.

„Das ist wirklich wunderschön", sage ich mit meiner sehr schnell gelernten englischen Höflichkeit. „Darf ich Ihnen eine Kaution geben?"

Ich habe also endlich meine eigene Unterkunft, wenn auch bei dem hohen Mietpreis wohl bald nicht mehr genug Geld zum Essen. Nach näherem Umsehen hat das Zimmer allerdings auch viele gute Seiten: Die hohen Decken sind mit Stuck verziert, und das alte Schiebefenster öffnet sich auf einen winzigen, mit Messing verzierten Balkon, von dem aus man einen wunderschönen Blick auf die viktorianischen Häuser gegenüber hat.

Bevor ich den genieße, muss ich jedoch erst einmal das Badezimmer suchen, denn ich war so darauf fixiert, meine Wohnungssuche abzuschließen, dass ich an solche Fragen wie Nebenkosten oder gar die Lage des Badezimmers gar nicht gedacht hatte. In der einen Ecke meiner grünen Kammer gibt es eine kleine Kochnische mit Kühlschrank und Gasherd, sogar einen Esstisch habe ich, aber von Klo oder Dusche ist weit und breit keine Spur.

Ich trete auf den Flur und gehe die Treppe hinauf. Dort sind zwei weitere Türen wie die meine, die in goldenen Ziffern die Wohnungsnummern tragen. Sonst nichts. Ich schleiche die

Treppe wieder hinunter, an meinem Zimmer vorbei ins Erdgeschoss, mit dem schrecklichen Gedanken im Kopf, dass ich meine Bleibe nur so leicht bekommen habe, weil es tatsächlich weder Klo noch Dusche gibt.

Plötzlich springt eine Tür auf, und ein Gesicht, das man vor langen schwarzen Krusselhaaren kaum sehen kann, grinst mich freundlich an. „Ciao Bella! Bist du gerade eingezogen? Ich bin Felice." Er erzählt mir, er wohne in diesem Haus, seit er vor zwei Jahren aus Sizilien hier angekommen sei, wäre dort sehr glücklich, und lädt mich dann zum Kennenlernen auf einen Teller Spaghetti und eine Tasse Tee ein.

„Willkommen in Inghilterra, eh?"

„*Thanks.* Sag mal, gibt es hier eigentlich ein Badezimmer?"

Er lacht und zeigt auf die gegenüberliegende Tür, die stolz ein goldenes Schild mit der Aufschrift „Number One" trägt. „Sí, sí, natürlich! Klein und dreckig, aber besser als nichts."

Ich werfe einen kurzen Blick hinein, aber bis auf eine kleine Badewanne und ein Waschbecken, natürlich jeweils mit zwei Hähnen ausgestattet, gibt es nicht viel zu sehen. Bis auf den Teppich auf dem Boden. Felice bemerkt meinen überraschten Blick.

„Das ist so üblich in England, mit Teppich ausgelegte Badezimmer. Aber es gibt auch einen guten Grund dafür." Er zeigt auf das alte Holzschiebefenster, das dem in meinem eigenen Zimmer gleicht und durch dessen Spalten der Wind hereinbläst.

„Mit Isolierung haben die es hier nicht so, da wird es im Winter ganz schön kalt."

Wenigstens bekommen wir hier nach dem Baden keine kalten Füße, denke ich mir.

„Und Duschen mögen sie auch nicht?"

„Wenn du duschen willst, meldest du dich besser im Fitnesszentrum an! Da gibt es welche." Ich werde also meine Haare weiterhin mit Hilfe meines Pint-Glases waschen müssen. Man muss sich halt den Gebräuchen des Landes anpassen.

Wir gehen zurück zu Felices Wohnung, die ein ganzes Stück größer ist als meine. Er hat sogar eine separate Küche, aber viel Platz bleibt nicht: Überall stehen Kleiderstangen herum, an denen Jacken und Mäntel hängen.

„Entschuldige das Chaos, ich habe ein Kleidergeschäft auf dem Camden Markt gleich um die Ecke von hier und habe gerade eine Lieferung aus Sizilien bekommen."

Ich schaue mir gerade einige der Mäntel genauer an, als plötzlich die Kleiderstangen anfangen, sich auf und ab zu bewegen, die Gläser auf Felices Tisch zu klirren beginnen und der Boden unter meinen Füßen bebt. Ich schaue Felice entsetzt an.

„Keine Sorge, das ist nur die U-Bahn, die direkt unter unserem Haus herfährt."

In der Woche darauf findet mein Vorstellungsgespräch an der *Parklands High* im nördlichen Vorort Finchley statt. Ich ziehe den Hosenanzug und die spitzen Schuhe an, die ich mir extra für diesen Anlass gekauft habe, und mache mich auf den Weg zur U-Bahn. Von der Haltestelle Finchley Central aus laufe ich das letzte Stück zu der direkt an einem Krematorium gelegenen Schule. Die Rezeptionistin führt mich gleich zum Zimmer des Direktors, der mich schon erwartet.

„Hallo, Anna, nett, Sie kennenzulernen!"

Dr Clarkson reicht mir die Hand und guckt mich über seine Brillengläser hinweg an. Er ist ein stämmiger, kleiner Mann mit dem Gesichtsausdruck einer Bulldogge – die Art von Mensch, mit dem man sich am besten nicht anlegt.

„Nett, Sie kennenzulernen, Herr ..."

Soll ich ihn mit Vornamen anreden? Aber irgendwie bringe ich es nicht über die Lippen, diesen furchteinflößenden Mann Roddy zu nennen. Und vielleicht redet er mich auch nur mit Anna an, weil mein Nachname für ihn völlig unaussprechlich ist.

Wenigstens erledigt sich im Englischen das Problem, ihn eventuell duzen zu müssen. Entgegen der irrtümlichen Meinung vieler Deutscher entspricht das Englische „you“ keineswegs dem deutschen „du“, sondern ist die zweite Person Plural, die dann nach dem Vorbild des französischen „vous“ für die höfliche Anrede auch einzelner Personen verwendet wird. Dementsprechend haben die Engländer keine andere Wahl, als sich ununterlassen zu siezen, beziehungsweise sich zu ihrzen. Ein weiteres Zeichen ihrer unübertroffenen Höflichkeit!

„Bitte setz dich doch.“

Neben Dr Clarkson sind außerdem der stellvertretende Direktor, Mr Tucker, und die Fachleiterin der Sprachabteilung, Miss Miller, anwesend. Miss Miller ist eine hochgewachsene, blonde Frau Ende dreißig, deren eng aneinander liegende Augen und spitzes Kinn ihr ein gehässiges Aussehen geben. Obwohl ich weiß, dass ich die einzige für diese Stelle geladene Kandidatin bin – Deutschlehrer sind begehrt in London –, wird mir vor Nervosität abwechselnd heiß und kalt und mein einziger Trost ist, dass die Schule genauso verzweifelt eine Deutschlehrerin braucht wie ich den Job.

Die drei sitzen mir in einer Reihe gegenüber und stellen abwechselnd die Fragen. Ich erzähle ihnen von meiner Begeisterung für die deutsche Sprache und Kultur und von meiner großen Lust, diese an die englischen Schulkinder weiterzugeben. Was meine größte Schwäche sei? Ich wäre so arbeitsam, dass ich es oft schwer fände, einen Strich unter das Geschaffte zu machen, und ich würde ebenso viel von meinen Schülern erwarten. Das habe ich in einem Ratgeber für das perfekte Vorstellungsgespräch gelesen und soweit ich es abschätzen kann, sind meine drei Vernehmungsbeamten von meinen Antworten angetan.

„Und jetzt kommen wir zum französischen Teil des Gesprächs“, verkündet Miss Miller dann plötzlich mit einem süßlichen Lächeln. Auf die Frage am Telefon, ob ich bereit sei, auch etwas Französisch zu unterrichten, hatte ich erwidert, dass ich Französisch zum letzten Mal in der Schule gesprochen hätte.

„Ich habe gehört, der Sprachunterricht an den deutschen Gymnasien sei sehr gut, das wird sicherlich reichen für den Anfängerunterricht."

An dieser Stelle hätte ich natürlich sofort hinzufügen sollen, dass ich es nach zwei Jahren mit einer Fünf als Endnote abgewählt hatte, doch erschien mir die Möglichkeit, dass ich dann tatsächlich Französisch unterrichten sollte, als so abwegig, dass ich dem Ganzen keine große Bedeutung schenkte.

Ich lache nervös, und sehe mich schon arbeits- und wohnungslos auf der Suche nach einem LKW-Fahrer, der sich erbarmt, mir eine Mitfahrgelegenheit zurück in die Heimat zu geben, hungrig durch das nächtliche London schleichen.

„Alors, pourquoi est-ce que vous avez déménagé en Angleterre?"

Ich wiederhole die Laute mehrere Male in Gedanken, kann aber nichts damit anfangen.

„Il y a deux semaines", entgegne ich auf gut Glück, und warte auf die nächste Frage.

„Nein, wir haben gefragt, warum du nach England gezogen bist!" Miss Miller und ihre zwei Kollegen betrachten mich skeptisch.

„Ah, natürlich. *C'est parce que l'Angleterre est superbe!*" Das scheint sie zu befriedigen.

„Et l'école où vous avez travaillé en Allemagne, elle est comment?"

„Elle est superbe! Elle est très grande avec beaucoup d'élèves." Ich danke Gott für diese grandiose Eingabe, und warte angespannt auf die nächste Frage.

Aber Dr Clarkson unterbricht. „Ja, ich spreche zwar selber kein Französisch, aber ich muss sagen, dein Akzent hört sich gut an." Er stellt noch ein paar Fragen zu meiner Unterrichtsmethodik und dann ist das Schlimmste schon überstanden.

„Also, wenn du jetzt bitte im Lehrerzimmer einige Minuten warten könntest, dann werden wir jetzt eine Entscheidung treffen und sie dir so bald wie möglich mitteilen."

Kaum habe ich es mir im Lehrerzimmer mit einer Tasse Tee

auf einem Sofa bequem gemacht, geht schon die Tür auf, und Miss Miller kommt herein und wirft mir einen grimmigen Blick zu.

„Herzlichen Glückwunsch! Du hast die Stelle!"

Daraufhin wirft sie sich mir um den Hals und küsst mich auf beide Wangen. „Ganz wie in Frankreich", lacht sie, als wollte sie mich extra noch mal an meine peinlichen Unkenntnisse erinnern.

„Jetzt brauchen wir noch ein paar Unterschriften von dir und dann kannst du nachher bei meiner zehnten Klasse zusehen, damit du schon mal weißt, was dich dann am nächsten Montag erwartet!"

In der Kabine beim Fußballfeld, die aus Platzmangel als Klassenzimmer genutzt wird, setze ich mich nach hinten. Die Wand ist plakatiert mit Arbeiten der Kinder. „Meine Name is James. Ich bin dick. Ich bin nickt dunn. Ich bin ser intelligent." Daneben ein Foto von einem grinsenden kleinen Jungen auf seinem BMX-Rad.

Miss Miller fixiert die Schüler streng mit vor sich verschränkten Armen, bis irgendwann alle still werden und in ihre Richtung schauen.

„Guten Morgen, die Klasse!"

„Gud Morging, Fräulein Miller", entgegnen ein paar Kinder gelangweilt.

Sie lächelt voller Enthusiasmus und erläutert dann das heutige Lernziel: die Präpositionen mit Dativ.

Auf dem Projektor erscheinen mehrere ungeschickte Zeichnungen von Mäusen; Mäusen in Schubladen, Mäusen unter Schränken, Mäusen neben Betten.

„O. k., wie-der-holt", sagt sie, auf das erste Bild zeigend, „die Maus ist unter dem Tisch!" Zwei müde Stimmen sprechen unisono: „Dei Mouse iss under demm Tisch." Die restlichen Schüler starren entweder geistesabwesend aus dem Fenster oder kritzeln eifrig mit Kulis auf den Tischen herum.

„Prima! Well-done! Nun: Die Maus ist in dem Schrank ..."

„Miss, ist es die oder der?“ Völlig in Gedanken versunken schrecke ich auf.

„Sorry?“

„Die oder der? I mean, die oder der Hose?“ Miss Miller lächelt mich an, keineswegs beschämt, dass ihr dieser kleine Unterschied gerade nicht einfällt.

„Ach so. Der Hose. Die Maus ist in *der* Hose.“

„Danke!“ Und weiter geht es mit Mäusen neben Telefonen, Mäusen in der Schultasche und Mäusen eingequetscht zwischen zwei labberigen Sandwichscheiben. Dann müssen die Kinder alles vom Projektor abmalen und beschriften und die Stunde ist schon fast vorbei. Ich gehe durch die Reihen und schaue mir die Hefte der Kinder an. Ein rothaariges Mädchen mit dickem Pferdezopf hat jeden einzelnen Vokal mit Umlaut versehen. „Die Mäüs ist ünter dem Schränk“, steht da in Schönschrift, und ein paar Seiten vorher: „Edgewäre ist im Nörden vön Löndön. Fülhäm ist im Süden vön Löndön.“

„Warum benutzt du denn so viele Umlaute?“, frage ich sie amüsiert.

„Umlaute?“

Ich zeige auf ein Beispiel.

„Ach, Doppelpunkte. Das macht man so im Deutschen“, erklärt sie mir überzeugt.

Nachdem wenig später die Schüler das Klassenzimmer verlassen haben, gratuliere ich Miss Miller zu der gelungenen Stunde.

„Oh ja, das ist aber auch wirklich eine nette Klasse, da macht einem das Unterrichten richtig Spaß.“

„In der Tat. Ich freu mich schon auf nächste Woche“, entgegne ich ihr.

Auf dem Weg durch ruhige Vorortsstraßen zurück zur U-Bahn-Station holt mich eine Frau um die dreißig ein. Sie hat lange, braune Haare, ein nettes, offenes Gesicht und trägt trotz der Wärme rote Fellwinterstiefel und dazu einen Minirock. Außer Atem stellt sie sich vor.

„Ich bin Maddie, Maddie Williams. Kunstlehrerin. Wie ist das Vorstellungsgespräch gelaufen? Ich habe dich vorhin mit Mr Clarkson reden sehen."

„Oh, sehr gut. Man hat mir die Stelle angeboten."

„Und du hast sie angenommen? Herzlichen Glückwunsch! Dann werden wir uns ja jetzt häufiger sehen."

Als wir nach zehnminütigem Weg auf dem Bahnsteig stehen, bin ich bereits überzeugt, in Maddie eine nette Kollegin gefunden zu haben.

„Ich glaube, ich muss dich warnen", sagt sie dann jedoch plötzlich, als die U-Bahn gerade einfährt. Sie zögert ein wenig und fährt schließlich fort: „Die Verhältnisse sind hier nicht so, wie du es wahrscheinlich von deutschen Schulen her gewohnt bist."

„In welcher Hinsicht?", frage ich.

„Nun, sagen wir, es läuft alles weniger zivilisiert ab."

„Weniger zivilisiert?"

„Ja, die Kinder. Und nimm dich vor Miss Miller in Acht, weil –". In diesem Moment kommt der Zug mit quietschenden Bremsen zum Stehen und ich verstehe den Rest von Maddies Warnung nicht mehr.

Sie steigt ein und winkt mir zum Abschied zu, während ich mich hinsetze, um auf meinen eigenen Zug Richtung Camden zu warten. Unzivilisierte Kinder und eine Vorgesetzte, vor der man sich in Acht nehmen muss? Was habe ich mir da eingebrockt? Nächste Woche werde ich mehr wissen.

September

Und dann kommt sie auch schon, die nächste Woche, und damit der Tag meiner ersten Unterrichtsstunde. Ich habe die ganze Nacht Alpträume von verlegten Lehrplänen, verspäteten Zügen und randalierenden Kindern, aber zum Glück habe ich zuallererst eine siebte Klasse mit Schülern, die gerade erst die Grundschule beendet haben und hier genauso neu sind wie ich. Kein Problem also, denke ich.

Schon am Tag vorher habe ich mein Klassenzimmer mit deutschen und französischen Fähnchen, einer großen Landkarte und meinem alten Borussia-Dortmund-Schal geschmückt, und als die Schelle zum Unterrichtsbeginn leutet, stehe ich gut vorbereitet auf der Türschwelle.

Ich weise den Schülern ihre Plätze nach meinem eigens angefertigten Sitzplan zu, damit ich ihre Namen schneller lernen kann, was ich mir allerdings hätte sparen können. Es heißen sowieso alle James, Kelly, Jessica oder Mohammed.

Zehn Minuten später, nachdem endlich alle mehr oder weniger sitzen, fange ich an, mich vorzustellen.

„Ähm, also, my name is Frau Regeniter. Willkommen zu eurer ersten Deutschstunde. *I'm from ...*" Nicht ein einziger Schüler zeigt auch nur einen Hauch von Interesse.

„Five One! Five One!", fängt ein kahlgeschorener Junge in der letzten Reihe an zu schreien, und zwei weitere machen bald mit.

Fünf eins?

„We beat you Five One!" Nach einigen Sekunden wird mir klar, dass von dem Fußballspiel vor einigen Jahren die Rede ist, in dem zum ersten Mal in der Geschichte England zufällig gegen uns gewonnen hat. Das Five One würde ich in den kom-

menden Wochen noch so oft zu hören bekommen, um einen ausgiebigen Hass auf Oliver Kahn zu entwickeln, der in diesem schicksalhaften Spiel so viele Tore hatte durchgehen lassen.

Ich ignoriere die rufenden Kinder, und lege mein Deutschland-Quiz auf den Projektor, um die Stunde zu retten.

Frage 1: In welchen Ländern spricht man Deutsch?
Frage 2: Welche deutschen Wörter kennt ihr schon?
Frage 3: Welche berühmten Deutschen kennt ihr?

Die erste Frage können die meisten mit Leichtigkeit beantworten: Deutschland, Frankreich, Holland, Spanien und Dänemark.

Als wir zur zweiten Frage kommen, fangen alle im Chor an zu rufen: „Scheiße! Scheiße! Scheiße!“

„Kartoffelkopf!“, fügt ein kleines, rothaariges Mädchen stolz hinzu.

Und bei der dritten Frage fängt wieder der Chor an: „Hitler! Hitler! Hitler!“

Das Mädchen, das leise „der Papst?“ hinzufügt, würde ich aus Dankbarkeit am liebsten umarmen. Doch ihr Tischnachbar Niall, der bisher nur gelangweilt aus dem Fenster gestarrt hat, schaut plötzlich interessiert auf.

„Wie heißt eigentlich der englische Papst, Miss?“

„Es gibt nur einen Papst in der Welt und zur Zeit ist das ein Deutscher“, erkläre ich.

„Rubbish“, meinte ein anderer Schüler aufgebracht. „Jedes Land hat seinen eigenen Papst. Das weiß doch jeder.“

„Nein, glaub es mir. Es gibt wirklich nur einen.“

„Irgendjemand hat Ihnen da ganz großen Mist erzählt“, klärt Niall mich auf. Die Kinder schauen mich mitleidig an.

Bevor ich wieder zu Wort komme, schellt es schon zur Pause und die ganze Klasse springt lärmend auf. Zu meiner Überraschung bedanken sich die Schüler beim Verlassen des Klassenzimmers sogar bei mir. *„Thanks, Miss!“*

„Wie fandest du deine erste Deutschstunde?", frage ich ein mit Sommersprossen übersätes Mädchen. *„Great! Deutsch is great!"*

Gott sei Dank finde ich später heraus, dass wir nicht das einzige Volk sind, mit dem die Briten verfeindet sind: Die Franzosen belegen nur knapp den zweiten Platz, und wenn sie mal Pech haben und ein Fußballspiel gegen England gewinnen, dann geht es ihnen genauso wie uns. Was Fußball betrifft, verstehen die Engländer keinen Spaß.

Einige Wochen nach meinem Dienstbeginn stürzt ein vielleicht 14-jähriger, mir unbekannter Schüler in meine Klasse und baut sich vor mir auf, während ich gerade einer Gruppe von 11-Jährigen die Zahlen von eins bis vier beizubringen versuche.

„Sind Sie Deutsche oder Französin?", fragt er mich drohend.

„Deutsche", flüstere ich vorsichtig.

„Na, dann ist ja gut", entgegnet er und schleicht dann enttäuscht aus dem Zimmer.

Frankreich hatte am Vorabend das englische Team mit 3:1 besiegt.

Nachmittags, wenn ich an meinem kleinen Tisch die Stunden für den nächsten Tag vorbereite und es sonst ganz ruhig im Haus ist, horche ich nach Lauten aus dem Zimmer unmittelbar neben meinem, mit dem ich mir meinen Balkon teile, höre aber nicht das leiseste Geräusch. Bis doch irgendwann erst ein Schlüssel in der Nachbarstür zu hören ist, und dann, so laut, als stünden sie direkt in meinem Zimmer, die Stimme meines Vermieters und die eines ausländisch klingenden Mannes.

„O.k., die Miete ist jeden Montag fällig, und wenn du noch Fragen hast, klopf an unsere Tür nebenan."

„Vielen Dank, Barry."

„Und hier ist der Schlüssel."

Ich öffne meine Tür und schiele hinaus. Die Tür nebenan

steht noch offen, und ich erblicke einen chinesisch aussehenden jungen Mann mit kugelrundem Gesicht und lachenden Augen. Ein kurzer Arm streckt sich mir entgegen.

„Hallo, ich bin Yitkee aus Singapur, ich ziehe übermorgen ein."

Als ich ihm erzähle, dass ich aus Deutschland komme, ist er begeistert und fragt, ob ich Bohn kenne.

„Bohn?"

„Ja, Bohn. Mein Traum ist, einmal nach Bohn zu kommen. Ich liebe Beethoven!"

Auf meine Antwort, dass ich nicht allzu weit von Bonn aufgewachsen bin, reagiert er mit Jubel: „Das muss Schicksal sein, dass meine Zimmernachbarin aus der Nähe von Bonn kommt!"

Ich verspreche ihm, ihn irgendwann einmal mitzunehmen und ihm meine Heimat zu zeigen.

Sein Zimmer, bemerke ich, ist nicht nur kleiner als meines, es ist so schmal, dass man sich regelrecht am Bett vorbeiquetschen muss, um überhaupt bis zum gegenüberliegenden Fenster vorzudringen.

Yitkee allerdings scheint damit sehr zufrieden, denn er strahlt von Ohr zu Ohr. Da wir von nun an mehr oder weniger im selben Zimmer wohnen werden, getrennt nur von einer jedes Geräusch durchlassenden Pappwand, bin ich sehr froh, dass mein neuer Mitbewohner auf den ersten Blick einen so sympathischen Eindruck macht.

Mein zweites Treffen mit Yitkee findet einige Tage später statt, als ich morgens um halb acht von dem Lärm eines Lasters aufgeweckt werde, der vor unserem Haus zu parken versucht. Verärgert stelle ich die Kaffeemaschine an und öffne die Gardinen, denn an Weiterschlafen ist wohl nicht mehr zu denken. Der Laster trägt die Aufschrift „Phelps Pianos Kentish Town", und zu meiner Überraschung sehe ich, wie niemand anders als Yitkee vom Beifahrersitz springt, gefolgt von zwei breitschultrigen, kahlköpfigen Männern, die die Tür zum Rückraum des Wagens öffnen und dort hineinklettern. Sie ziehen und stoßen und schreien sich gegenseitig an, bis ich endlich erkennen kann, was sie zu liefern gedenken. Jetzt ist es erst mal aus mit meinen ruhigen Abenden zu Hause, an denen man sonst nichts hört als die paar Gesprächsfetzen, die von der Straße hochdringen, und ab und zu einem Türenknallen aus dem Hausflur, denke ich verärgert. Denn es handelt sich um ein Klavier. Und zwar ein großes Klavier.

Es dauert eine gute halbe Stunde, bis die zwei Männer das schöne Stück durch die Eingangstür gezwängt und dann die Treppe hochgestemmt haben. Dann höre ich nur noch ein nicht enden wollendes Krachen und Scheuern an meiner Tür, und nach viel Gestöhne und Gefluche ist es dann irgendwann geschafft und es wird wieder still im Haus.

Ich klopfe an Yitkees Tür, der mir mit traumatisiertem Blick aufmacht.

„Was ist denn mit deinem Bett passiert?"

Er zeigt auf einen Stapel von Holzbrettern auf dem Balkon.

„Ich musste es auseinanderbauen."

„Und wo schläfst du jetzt?"

„Auf der Matratze." An der rechten Zimmerseite lehnt eine dünne Matte, die wohl eben noch so in die Lücke neben Wand und Klavier passt.

Niemand kann behaupten, Yitkee wäre seiner Musik nicht leidenschaftlich ergeben.

Und der zu erwartende Lärm bleibt zum Glück auch aus, denn Yitkee ist echter Profi und spielt für das *Royal Orchestra*, und wenn er nicht gerade eine Aufführung hat, legt er nun allabendlich ein klassisches Konzert hin, das jedenfalls für meine unerfahrenen Ohren richtig magisch klingt. Und so lerne ich sogar in den kommenden Monaten dank einem Singapurianer alle Symphonien Beethovens Ton für Ton auswendig.

Mit Felice und Yitkee habe ich jetzt schon zwei Bekanntschaften geschlossen, mit denen ich die Umgebung erkunden kann. Und schon bald ergibt sich auch die Gelegenheit, meine anderen Mitbewohner kennenzulernen: Als ich an einem Freitagabend erst spät von einem Konzertbesuch mit meinen Kollegen Maddie und Paul wiederkomme, kommt mir irgendetwas komisch vor. Erst als ich die Brücke zu Primrose Hill erreicht habe, wird mir klar: Es ist irgendwie dunkler als sonst. Weder die Straßenlaternen noch die Lichter im „Pembroke Castle Pub“ sind wie üblich erleuchtet, und aus keinem der Nachbarhäuser dringt auch nur ein Lichtstrahl. Stromausfall.

Als ich im Dunkeln die knarrende Holztreppe zu meinem Zimmer hochsteige, ist mir etwas unheimlich. Wo wohl Felice und Yitkee sind? Ich klopfe an Yitkees Tür. Keine Antwort. Ich versuche, das Schlüsselloch in meiner eigenen Tür zu finden, da geht über mir eine Tür auf.

„*Is that you, Anna?* Wir sind alle hier oben!“

Im Licht etlicher Kerzen kann ich im Zimmer über mir die Umrisse von fünf Leuten ausmachen.

„Jetzt lernen wir dich endlich kennen! Du bist also die, die unter mir wohnt!“, sagt eine weibliche Stimme mit nordenglischem Akzent. „Ich bin Elli.“ Eine Frau um die dreißig mit Pagenschnitt und Twiggy-Figur schüttelt mir die Hand. Innerhalb von zwei Minuten erfahre ich ihren gesamten Lebenslauf, und dass sie in einem Buchladen in Covent Garden arbeitet, gerade die GI-Diät begonnen hat und an Liebeskummer leidet. Und dass sie zwar die einzige gebürtige Britin im Zimmer, vor allem aber dreiviertel Waliserin sei. Als sie eine kurze Pause einlegt, um Atem zu holen, fällt ihr der Mann neben ihr ins Wort. „Und ich bin übrigens Nick.“ Zuerst bin ich überzeugt, Nick sei Engländer. Er sieht John Lennon wie aus dem Gesicht geschnitten ähnlich, spricht wie ein Londoner, und schließt jeden Satz mit „mate“ ab.

„Nett, dich kennenzulernen, mate“, sagt er, als er mir die Hand schüttelt, was ich gar nicht so nett finde, denn „mate“ heißt schließlich so viel wie „Kumpel“ und wird normalerweise nur für das männliche Geschlecht verwendet.

Er erzählt mir, er stamme aus Athen, wohne jetzt aber schon seit vier Jahren in London. Und zwar in diesem Haus.

Auf die Frage, was er denn in London schon so lange tue, antwortet er, er sei Musiker und Zahnlieferant.

„Zahnlieferant?“

„Ich liefere Prothesen an Patienten, die sie nicht selber vom Zahnarzt abholen können.“

„Ah, interessant.“

„Wenn man den ganzen Tag in der U-Bahn zu sitzen als interessant bezeichnen kann, mate.“

„Ach, und das hier“, er zeigt auf den Mann neben sich mit der Figur und dem bulligen Nacken eines Rugbyspielers, „das ist James.“ James schaut kurz auf und fängt dann an, mit dem Schlüssel in seiner Hand zu spielen.

„Und was machst *du* in England, James?“, frage ich ihn.

Nach einigen Sekunden, in denen wir vergebens auf eine Erwiderung des großen Stillen warten, antwortet Nick:

„Er ist Professor für Informatik an der Metropolitan Universität.“ Für einen Moment überlege ich, was ein wahrscheinlich gutverdienender Informatikprofessor in einer Hausgemeinschaft wie dieser verloren hat, aber dann fällt mir ein, dass es sich schließlich auch bei Yitkee, Felice und mir keineswegs um arme Studenten handelt.

James nickt still.

„Aber jetzt erzähl mal von dir“, fordert mich Elli auf. „Wie gefällt es dir hier? Hast du schon jemanden Nettes kennengelernt, seitdem du in London angekommen bist?“

Ich schüttele den Kopf und mir fällt plötzlich Jake, der Barmann, ein. Ich werde ihn nachher anrufen, nehme ich mir fest vor.

Elli erkundigt sich nach meiner Herkunft und fragt dann, wie so viele ihrer Landsleute es später tun werden: „Und warum um alles in der Welt wolltest du aus Deutschland wegziehen? Nach *England?*“ Ich antworte, dass ich die englische Angewohnheit, sich selbst auf die Schippe zu nehmen und seine eigenen Verdienste herunterzuspielen, sehr anziehend finde. Und auch sonst ist London ja gar nicht so übel.

„Ja, aber wie findest du England *wirklich*? Sei ehrlich. Ich selber würde nichts lieber tun, als morgen nach Spanien auszuwandern“, meint Elli.

„Spanien ist für Rentner“, fällt Nick ihr ins Wort. „Wenn man etwas vom Leben sehen will, muss man nach London kommen. Wenn man Ruhe will, verzieht man sich auf die Hampstead Heath, wenn einem nach Abenteuern zu Mute ist, fährt man nach Soho. Und wenn man schließlich von Soho genug hat, nimmt man die Tube nach Bethnal Green, und es ist, als wäre man auf einem anderen Kontinent gelandet. Selbst die Straßenschilder sind in einer fremden Sprache. In welcher anderen Stadt ist das schon möglich?!“

Selbst James erwacht für einen Moment zum Leben und stimmt zu: „Wo sonst hat man schon jeden Abend die Auswahl zwischen dreißig verschiedenen Theaterstücken, zig Konzerten und unendlich vielen Filmen? Es gibt schon einen Grund, weshalb halb Australien hierher gezogen ist.“

„Und wo sonst“, fügt Felice hinzu, „sitzen Leute aus sechs verschiedenen Ländern zufällig bei Kerzenlicht zusammen und unterhalten sich so gut, eh? Das müssen wir feiern!“ Er öffnet eine weitere Flasche besten sizilianischen Weines und wir stoßen im Halbdunkel an. Als nach einer guten Stunde das Licht nach einem kleinen Knacken plötzlich wieder angeht, bin ich fast ein bisschen enttäuscht.

Zurück auf meinem Zimmer entschließe ich mich, jetzt endlich bei Jake anzurufen. Ich bin so nervös, dass ich zweimal wieder auflege. Doch irgendwann reiße ich mich dann doch zusammen und lasse es klingeln. Und klingeln. Niemand meldet sich, nicht mal ein Anrufbeantworter. Ich werde es morgen noch einmal versuchen.

Doch am nächsten Abend bin ich bei meiner Kollegin Maddie eingeladen, und als ich mit dem Nachtbus nach Hause fahre, ist es schon zu spät, es noch einmal zu versuchen. Um genau halb eins stecke ich meinen Schlüssel in die Haustür und betrete so leise wie möglich den Flur. Es ist ein ganz normaler Wochentag, aber in mehreren Zimmern ist noch Licht an. Bei Felice steht die Tür halb offen und ich schaue vorsichtig um die Ecke.

„Schläfst du noch nicht?“

„Ah, Anna!“, ruft Felice erfreut. „Komm rein, willst du was essen?“

Ich verneine, und schaue mich erstaunt in seinem Zimmer um. Der Boden ist bedeckt mit dampfenden Töpfen, Schalen, die mit heißem Wasser gefüllt sind, und daneben einige Tüten von halbaufgetautem Gemüse und ein paar Pizzas.

„Hast du eine Party gefeiert?“, frage ich ihn zweifelnd.

„Ich enteise das Gefrierfach. Es ist so vereist, dass nichts mehr reinpasst.“

„Mitten in der Nacht?“, frage ich verblüfft.

„Tagsüber muss ich ja arbeiten.“ Felice stellt den Wasserkocher an, um mir eine Tasse Tee zu kochen. Er erzählt mir, dass er in der ganzen Woche nur zwei Jacken und ein paar Hemden verkauft hat und jetzt jeden Tag ein paar Extrastunden einlegen muss. Deshalb hat er tagsüber nicht viel Zeit für Haushaltssorgen, außerdem mache das Ganze in der Nacht mit einem Glas Wein in der Hand sowieso mehr Spaß. Wir hören, wie jemand auf dem Weg zur Toilette vorbeistolpert.

„Pronto?“, ruft Felice, und Yitkee steckt den Kopf um die Ecke.

„Ah, ihr schlaft auch noch nicht? Musst du denn morgen nicht arbeiten, Anna?“

„Doch, und du?“

„Ja, aber ich warte gerade noch auf einen Anruf von meiner Schwester aus Singapur. Sie hat gesagt, sie würde mich um zwei Uhr anrufen.“

Und tatsächlich, ein paar Minuten später klingelt das Münztelefon im Flur und Yitkee macht es sich zu einem späten Pläuschchen auf den Treppenstufen bequem. Ich überlege, ob nicht auch ich heute Nacht noch etwas Nützliches machen könnte, anstatt einfach so schlafen zu gehen. Vielleicht sollte ich ein bisschen staubsaugen. Im Hinterkopf höre ich die Stimme meiner Mutter: „So was macht man doch nicht!"

Das würde sie wohl auch sagen, wenn sie mich am kommenden Sonntagmorgen beim Einkaufen im Supermarkt um die Ecke gehen sähe. Von Sonntagsruhe kann hier nicht die Rede sein – mein *Morrisons* ist rund um die Uhr auf, sieben Tage die Woche, bis auf *Christmas Day* alle Tage im Jahr. Als ich kurz vor Mittag meinen Einkaufswagen durch die nicht enden wollenden Reihen von Regalen schiebe, ist es brechend voll, denn die ganze Stadt scheint schnell noch Zutaten für den Sonntagsbraten besorgen zu müssen.

Von den im Supermarkt angebotenen Produkten kann man viel über die Bevölkerung einer bestimmten Gegend Londons ablesen. Bestimmte exotische Gemüse wie zum Beispiel das asiatische „Pak Choi" findet man hauptsächlich in Vierteln mit einer zahlreichen chinesischen Bevölkerung wie Soho, koschere Produkte gibt es dagegen in großer Auswahl in Golders Green, dem Zentrum der jüdischen Gemeinde in London. Oder in Multikulti-Bezirken wie meinem heimatlichen Primrose Hill. Der Schicht „posh", also reich und vornehm, scheinen hier allerdings auch viele Menschen zugehörig zu sein, denn neben dem üblichem Toastbrot gibt es sogar original deutsches Schwarzbrot, in Plastik verpackt, aber garantiert ohne Zusatzstoffe. Und so gesund isst hier nur der reichere Mittelstand. Elli, eher der Arbeiterklasse zugehörig, ekelt sich vor dem „black stuff", dem „schwarzen Zeug", das ich so gerne verzehre.

„Wie man so was essen kann, ist mir ein Rätsel", sagt sie naserümpfend, während sie sich eine dünne Schicht Marmite, eine übelriechende Hefepastete, auf ihr labbriges Weißbrot streicht.

„Besser als dein Marmite schmeckt es allemal."

„On this matter, we have to agree to disagree", wendet Elli diplomatisch ein.

Ich schiebe meinen Wagen unermüdlich die fast zwanzig Regalreihen entlang und rechne aus, dass mein sonntäglicher

Einkauf wohl in etwa einer vier Kilometer weiten Wanderung entsprechen müsste und ungefähr so viele Kalorien verbrennen müsste wie ein halbstündiger Fitnesscenter-Besuch – besonders als mir bei der Käse-Theke einfällt, dass ich die Eier am anderen Ende des Ladens vergessen habe. Also nehme ich noch einmal den Hindernislauf von Regal 20 bis Regal 1 in Angriff und kurve mit Schwung um die anderen Einkaufswagen, die natürlich alle in die falsche Richtung wollen. Ich zähle die Anzahl von „sorrys", die ich für meine verfehlten Umgehungsmanöver einkassiere. Als ich endlich wieder beim Eierregal ankomme, sind es stolze sieben.

Die besondere Vorliebe der Briten für das Schlangestehen ist allgemein bekannt, aber in Supermärkten übertreffen sie sich noch einmal selbst. Vor dem Einreihen heißt es, sich entscheiden, in welche der zwanzig Schlangen man gehört: In meinem *Morrisons* gibt es unter anderem spezielle Schlangen für Leute mit fünf oder weniger Produkten, mit zehn oder weniger Produkten, mit einem Einkaufskorb oder mit einem Einkaufswagen.

Heute habe ich mich in der Einkaufswagen-Schlange angestellt und werde schließlich von der Kassiererin mit einem freundlichen *„Hello, how are you?"* begrüßt. „Regnet es schon?" Ich schaue sie verblüfft an. Draußen ist kein Wölkchen zu sehen.

„Soll es denn heute regnen?"

„Irgendwann fängt es immer an", entgegnet sie geheimnisvoll. „Deshalb bin ich froh, heute arbeiten zu müssen."

Ich nehme die fünf Plastiktüten entgegen, die die Verkäuferin mir unaufgefordert entgegenhält. Bei meinen ersten Einkäufen habe ich noch den Fehler gemacht, meine eigenen Stofftaschen mit zum Einkaufen zu bringen, was mir jedoch so merkwürdige Blicke der anderen Einkäufer einbrachte, dass ich mir diese Unart nun abgewöhnt habe. Ich fange also an, meinen Einkauf in die Plastiktüten zu packen, als mir jemand plötzlich meinen Milchkarton unter den Augen wegschnappt.

„Finger weg!", rufe ich, doch es handelt sich nur um den

Packjungen, der mir zu Hilfe geeilt ist und Tüte um Tüte an Waren für mich in den Einkaufswagen verlädt.

Dann, als meine Weinflasche langsam auf dem Fließband auf die Kassiererin zurollt, folgt meine Lieblingsfrage, die mir nur an besonderen Glückstagen wie dem heutigen gestellt wird, an dem ich von einer offensichtlich schwer kurzsichtigen Verkäuferin bedient werde.

„Are you over 21, love?“

„So gerade eben“, ist meine Antwort, und zu meinem Verdruss glaubt sie mir das gleich, was mir jegliche Hoffnung nimmt, sie hätte mich tatsächlich für so jugendlich und damit zum Alkoholkonsum unbefugt gehalten.

„Die Mode heutzutage macht es einem wirklich schwer, zu beurteilen, ob jemand zwanzig oder dreißig ist, da frage ich lieber noch mal nach.“

Und tatsächlich sehe ich um mich herum mehrere Mädchen, die Dank des Make-ups und ihrer Kleidung zehn Jahre älter sein könnten. Während ich, ungeschminkt und in Jeans, wohl eher einer tollpatschigen Jugendlichen ähnle. Trotzdem fühle ich mich geschmeichelt.

Mit einem netten *„Have a nice day, love!“* werde ich verabschiedet und ich mache mich auf den Heimweg. Da höre ich plötzlich eine Stimme, die meinen Namen ruft. Ich drehe mich um, erkenne erst kein bekanntes Gesicht, bis mir ein winkender Mann mit kurzgeschorenen Haaren auffällt.

„Do you remember me?“

Es ist niemand anderes als Jake, mein Barmann.

„Hast du dich gut eingelebt? Ich sehe, es hat dich also nicht in den tiefen Londoner Süden verschlagen!“

„Nein, wir sind weiterhin Nachbarn!“

Ich erzähle ihm von meiner Wohnung, meinen netten Mitbewohnern, meinem nicht ganz so netten Job und wie froh ich bin, ihn wiederzusehen.

„Und warum hast du mich dann nie in meinem Pub besucht? Jeden Abend habe ich darauf gehofft, dass mal wieder eine unwissende Deutsche ein Pint Baileys bestellt, aber es kam niemand."

Dabei lächelt er so nett und überzeugend, dass ich fast glaube, er meine es auch.

„Ich habe mal versucht, dich anzurufen, und eine Nachricht zu hinterlassen", sage ich, verschweigend, dass „mal" in diesem Fall „zwanzig Mal" bedeutet.

„Ah, shit", sagt er, „mein Handy ist mir vor einigen Wochen gestohlen worden, sonst hätte ich mich natürlich gemeldet!" Ich bin nicht sicher, ob ich ihm glauben soll, halte es eher für unwahrscheinlich, aber schön ist der Gedanke trotzdem.

„Aber das Schicksal hat uns ja glücklicherweise trotzdem wieder zusammengeführt. Kann ich dich auf ein Frühstück einladen?" Mir ist zwar vor Aufregung jeglicher Appetit vergangen, aber die Aussicht, sich noch nicht verabschieden zu müssen, ist zu gut, um nein zu sagen.

Wir setzen uns also in den McDonald's-Abklatsch von einem Café, der zu jedem größeren englischen Supermarkt dazugehört, und bestellen ein *full English breakfast and a cup of tea.*

„Very romantic, eh?", bemerkt Jake und zeigt auf die rosafarbenen Papierservietten, die in einem eleganten Plastikhalter stecken. Daneben einige laminierte Werbeblättchen: *„Two for One!* Kaufen Sie einen Sonntagsbraten, und bekommen Sie einen weiteren ganz umsonst! Nur hier in unserem *Morrisons*-Café!" Neben uns kreischt ein Baby und zwei Kinder jagen einander durch die Stuhlreihen.

„Kannst du dir vorstellen, deine Familie hierher zum Sonntagsessen zu bringen?", frage ich Jake amüsiert.

„Oh, für meine Mutter wäre es wahrscheinlich der Höhepunkt ihrer Woche! Dann kann sie sich noch während des Essens nach Schnäppchen umsehen."

„Weißt du was", lächle ich ihn an, „ich bin ja jetzt doch schon eine ganze Weile in London, aber nach all diesen Wochen hier bist du immer noch der einzige waschechte Londoner, den ich getroffen habe."

„Na ja, waschecht bin ich ehrlich gesagt auch nicht. Nur wer in Hörweite der Kirchenglocken von Bow geboren ist, darf sich einen echten *Cockney* nennen."

„Bow? Im Osten Londons?"

„Bei starkem Ostwind kann man die Glocken vielleicht sogar manchmal bis Highgate hören, wer weiß. Ich bin also ein *potentieller* waschechter Londoner."

„Das reicht ja auch! Immerhin etwas."

Nachdem wir unser Frühstück beendet haben, greift Jake nach seinen Tüten.

„Ich sollte besser gehen, um zwölf Uhr fängt meine nächste Schicht an."

„Was machst du eigentlich hier? Du wohnst doch in Highgate, oder?", frage ich dann.

„Ich habe nur eine alte Freundin besucht", antwortet er, umarmt mich kurz zum Abschied und schon ist er auf der anderen Straßenseite.

„Diesmal kommst du aber wirklich mal in meinem Pub vorbei, ja?!", ruft er mir dann von der gegenüberliegenden Straßenseite aus hinterher und zwinkert mir zu. Ich habe noch nicht mal nach seiner neuen Handynummer gefragt.

Wieder zu Hause schließe ich meine Tür auf, lasse meine Einkaufstüten fallen, um so schnell wie möglich zum Fenster zu gelangen, und reiße es auf. Es ist brütend heiß. Dann schreie ich auf.

Es bewegt sich etwas in der Ecke meines Zimmers! Es dauert ein paar Sekunden, bis sich meine Augen nach der grellen Sonne draußen an das Halbdunkel im Zimmer gewöhnt haben. In meinem Ohrensessel sitzt eine dunkle Gestalt, deren Umrisse ich nur eben so erkenne. Ich erstarre vor Angst. Hatte ich denn nicht abgeschlossen? Doch, das hatte ich bestimmt.

„Keine Panik, ich bin's nur."

Ich erkenne die Stimme von Barry, meinem Vermieter, und mache das Licht an. Er sitzt eine Pfeife rauchend in meinem Ohrensessel. Ich bin so überrascht, dass ich wortlos mitten im

Zimmer stehen bleibe und gar nicht reagiere. Barry schüttelt einen großen, grauen Beutel, der bei jeder Bewegung laut klirrt, vor sich hin und her.

„Ich habe nur eben das Geld aus dem elektrischen *meter* geleert."

„Oh, sorry, ich dachte schon, du wärst ein Einbrecher. Tut mir leid."

Daraufhin ärgere ich mich über mich selber. Jetzt habe ich schon selbst die englische Sitte angenommen, sich für alles und jeden zu entschuldigen, ganz besonders dann, wenn ich völlig schuldlos bin. Allerdings bedeutet das englische „sorry" auch nicht immer gleich „Tut mir leid", sondern heißt oft so viel wie „Was soll denn das?". In diesem Fall möchte ich wissen, warum um alles in der Welt mein Vermieter ohne Einladung Pfeife rauchend in meinem Zimmer sitzt.

„Schon gut. *I'm sorry, too.* Ich wollte dir keinen Schrecken einjagen."

Und daraufhin steht er auf, bläst noch ein kleines Rauchwölkchen in Richtung Fenster und verschwindet dann ohne weitere Erklärung. Mein Herz klopft immer noch und der Pfeifengeruch hängt für die nächste Stunde in der Luft.

Oktober

Ich bin seit neuestem nun nicht mehr einen Meter achtundsiebzig groß, sondern ganze fünf Füße und elf Inches. Anstatt 64 Kilo (wenn die Waage auf dem unebenen Badezimmerboden günstig steht) wiege ich plötzlich zehneinhalb Steine, Hinkelsteine wohl, und meine Füße brauchen nur noch eine zierlich anmutende Größe 7 anstatt einer kolossalen 41. Alles in allem gefallen mir die englischen Größenmaße.

Doch die eigenwilligen Verkehrsregeln machen mir zu schaffen. Das wird mir erst so richtig bewusst, als die U-Bahn mir mal wieder übel mitspielt und ich mich nach einem Alternativ-Transport umschauen muss. Ohne die *Tube*, also die Londoner U-Bahn, geht in London gar nichts. Die *Tube* ist die älteste U-Bahn der Welt und jedes Jahr nutzen etwa 815 Millionen Menschen die so genannte „Röhre". Der Hauptteil der Belastung fällt dabei auf die Rush-Hour, die Berufsverkehrzeit.

Zwischen sieben und neun Uhr morgens wiederholt sich das gleiche Schauspiel in jeder Station der Stadt: Hunderte Menschen drängen sich in überfüllte Züge hinein, hängen mit letzter Kraft an Haltestangen und entschuldigen sich ununterbrochen bei den anderen Passagieren, denen sie gerade zum dritten Mal auf den Fuß getreten sind. Und versuchen dabei trotz allem, die Schlagzeilen des Gratis-Blattes „Metro" zu lesen, wobei das Umschlagen der Seiten in einem so engen Raum eine ganz besondere Finesse erfordert.

Ich laufe an diesem Morgen wie immer um sieben Uhr die Treppe hinunter zu meiner sich bereits füllenden Heimatstation *Chalk Farm* und gehe dann den Bahnsteig entlang und versuche, den Platz zu finden, wo die wenigsten Leute warten. Während es draußen am frühen Morgen jetzt schon empfindlich kalt ist, bleibt die Luft in der *Tube* den ganzen Winter hindurch warm und drückend. Der leichte Schwefelgeruch vermischt sich mit dem Modergeruch der alternden Tunnel zu einer in der Welt einmaligen Duftnote. Ich atme tief durch und warte an der Stelle, an der, so weiß ich nach vielen Experimenten, die Türen der U-Bahn sich öffnen werden und ich wenigstens einen Stehplatz in der Nähe einer Haltestange erkämpfen kann, anstatt in der Mitte des Ganges ohne jeglichen Halt herumgeschleudert zu werden.

Und tatsächlich habe ich Glück an diesem Morgen und quetsche mich schnell genug in das Abteil hinein, um den letzten noch freien Sitzplatz zu ergattern. Das Triumphgefühl nach diesem vielversprechenden Start in den Tag ist so groß, dass mir auch der Gestank des Cheeseburgers, den meine Sitznachbarin schon zu dieser frühen Stunde vertilgt, nichts anhaben kann. Ich lehne mich zurück und schaue mich in dem Abteil um: Allein in meinem Blickfeld gibt es ein größeres Völkergemisch, als man es in den meisten deutschen Städten innerhalb eines Jahres zu Gesicht bekommen würde. Und dies sind keine Touristen, sondern normale Londoner auf dem Weg zur Arbeit. Selbst die Werbung, die in Augenhöhe an den Wänden entlangläuft, ist in verschiedenen Sprachen verfasst. Rotgelockte, schwarzgekräuselte, blondgesträhnte Haare, Urdu, Polnisch, Portugiesisch, alles vermischt sich zu einem wunderbaren Wirrwarr von Kulturen, den es sonst nirgendwo auf der Welt noch einmal in solcher Vielfalt gibt.

Ich lehne mich zurück und lausche den verschiedenen Sprachen, die es an diesem Morgen in meinem Abteil zu hören gibt. Natürlich sind auch einige englische Stimmen dabei. Immer wieder hört man von der Distanz der Engländer, die sich angeblich besonders in ihrem scheuen Verhalten in der U-Bahn bemerkbar macht. In der Tat gibt es auch an diesem Morgen einige noch halbschlafende Passagiere, die zu so einer frühen Stunde ähnlich wie ich kaum zu einer Konversation im Stande sind. Aber viel mehr als das Nicht-miteinander-Reden in der U-Bahn überrascht mich immer wieder die Ungeniertheit so vieler Londoner, die inmitten von dreißig anderen Fahrgästen die intimsten Details ihres Lebens preisgeben. Im gleichen Abteil wie ich sitzen heute zwei Frauen, um die vierzig, ihrer Bekleidung nach zu urteilen auf dem Weg zur Arbeit im Büro, die sich von gegenüberliegenden Sitzen genaue Beschreibungen ihrer Darmerkrankungen zurufen.

„Und wenn ich dann doch Weizen esse, reagiert mein Darm schrecklich allergisch darauf. Ich bekomme Verstopfung und kann tagelang nicht aufs Klo, bis ich denke, ich zerplatze bald."

„Ach wirklich? Bei mir drückt es sich eher durch schlimmen Durchfall aus. Das ganze letzte Wochenende habe ich auf dem Klo sitzend verbracht, ein ganzes Buch habe ich dabei durchgelesen."

„Ich werde nächsten Monat eine Dickdarmspülung durchführen lassen. Man kann sich ja gar nicht vorstellen, was sich da alles ansammelt."

„Ah, und wie wird das ausgeführt?"

„Also zuerst wird ein Schlauch ..." Die Frau erklärt ihrer Kollegin alles im Detail.

„Sehr interessant. Sehr interessant. Du musst mir unbedingt erzählen, wie das war."

In Camden steige ich aus, um dort auf die Northern Line Richtung Finchley umzusteigen, doch nachdem ich mich durch ein paar Korridore gedrängt habe, geht es nicht weiter. Was ist denn jetzt schon wieder los? Unterbrechungen und Verspätungen sind in der *Tube* so alltäglich, dass die meisten Londoner kaum mit der Wimper zucken, wenn der Fahrer mal wieder eine zwanzigminütige Wartezeit in einem Tunnel wegen Signalproblemen ankündigt. Nach den Selbstmordattentaten im Juli 2005 wurde bekannt, dass der Mann, der letztendlich einen Bus in Russel Square in die Luft sprengte, eigentlich vorgehabt hatte, auf der Northern Line Richtung Norden zu fahren. Doch was passierte? Der Dienst auf der Northern Line war mal wieder zusammengebrochen und somit wurde Hampstead, oder welche Station auch immer der Attentäter an diesem Morgen im Ziel gehabt hatte, verschont.

Auch an diesem Morgen gibt es keinen einzigen Zug Richtung Norden. Und der Grund sind diesmal weder Signalprobleme noch Terroranschläge oder ein Stromausfall: Die Züge fahren nicht „wegen Laubfalles"! So steht es jedenfalls auf dem Schild, das den Weg zu dem Bahnsteig versperrt. Ich marschiere auf den ersten Bahnbeamten zu und fordere ihn auf mir zu erklären, warum um alles in der Welt denn nun ein alltägliches Ereignis wie Laubfall meine U-Bahn-Strecke zur Arbeit beeinträchtigen könnte.

„Nun, *my love*", und mein Ärger wird allein durch diese nette Ansprache schon wieder ein bisschen gedämpft, „Sie wissen ja, dass die *Tube* auf dieser Strecke auch überirdisch fährt, und wegen des starken Laubfalles in den letzten Tagen sind die Gleise außer Betrieb gesetzt."

„Aber das Laub fällt jedes Jahr, hätte man sich da nicht darauf vorbereiten können?"

Auf diese Frage lacht der Beamte wissend, als rede er mit einer Dilettantin, die von solch komplizierten Vorgängen wie Blätterfall aber auch wirklich gar nichts verstehen könnte.

„Wir sind auf das Meiste vorbereitet, aber bei so viel Laubfall in einem solch kurzen Zeitraum wie in diesem Jahr kann man einfach nichts machen. Wegen des starken Windes in den letzten Tagen ist ein größeres Volumen an Laub gefallen als wir es sonst gewohnt sind. Tut mir leid. Die Busse fahren aber. *Sorry*."

Ich folge also den Schildern Richtung Ausgang und nach einem Blick auf meine Uhr entschließe ich mich, in die Schnellspur überzuwechseln. In der U-Bahn – ebenso wie an vielen anderen öffentlichen Plätzen wie zum Beispiel auf Rolltreppen, in Geschäften oder in Schulkorridoren – gilt die „links: schnell; rechts: langsam"-Regelung, die es den besonders Eiligen ermöglicht, an den mehr gemütlich gesonnenen Menschen vorbeizuspurten. Selbst auf der Oxford Road, Londons berühmter Einkaufsstraße, sollen demnächst zwei Bahnen auf dem Bürgersteig für verschiedene Gehgeschwindigkeiten eingeführt werden.

Ich renne also die Rolltreppe hinauf, stecke meine Fahrkarte in die automatische Schranke und jogge dann weiter Richtung Bushaltestelle. Nächster Bus nach Finchley: in vierzig Minuten.

Als ich anderthalb Stunden, nachdem ich das Haus verlassen habe, endlich an der Schule ankomme, hat der Unterricht schon längst begonnen.

Miss Miller, der ich in der Pause meine Verspätung erkläre, nickt entgegen meiner Befürchtungen voller Verständnis.

„Ja, dieser Laubfall jedes Jahr ist schon ein großes Problem. Man sollte eine größere Baumsperre in der Nähe von Gleisen einführen."

Ich stimme ihr zu, um ihre gute Stimmung nicht zu verderben, und überlege, warum der Herbst in anderen Ländern nicht diese Probleme mit sich bringt. Und denke darüber nach, welche Alternative es in Zukunft für mich geben könne.

Der Bus – und die damit verbundene Demütigung, mit den Kindern zusammen fahren zu müssen – scheidet schon mal aus, und die wenigen Fahrradfahrer, die ich bisher in London getroffen habe, haben alle ohne Ausnahme schon mehrmals Bekanntschaft mit Autoblech gemacht. Da bleibt also nur eins: Ich brauche mein eigenes Auto.

Das Problem: Zwar habe ich einen Führerschein, aber leider keinerlei Fahrpraxis. Vom Linksfahren gar nicht zu reden.

„Du machst halt erst mal ein paar Fahrstunden mit mir. Und wenn du dich etwas sicherer fühlst, schaust du dich nach deinem eigenen Auto um."

Nun ist Elli natürlich keine Fahrlehrerin, aber in England kann jeder Erwachsene, der einen Führerschein besitzt, Stunden geben – solange er einen großen roten Aufkleber mit dem Buchstaben „L" für „learner" an der Rückscheibe anbringt, um andere Verkehrsteilnehmer vor etwaigen Risiken zu warnen.

An einem Sonntagmorgen in aller Frühe machen wir uns also auf zu meiner ersten Übungsfahrt. Dazu fährt uns Elli eine Stunde aus London hinaus in die Grafschaft Hertforshire, wo die Straßen ruhiger und die Autofahrer freundlicher sind. An einer kleinen Landstraße halten wir an und ich wechsle auf den rechten Platz.

„So, dann fahr uns mal wieder zurück nach London!"

Elli sieht an diesem Morgen noch blasser aus als sonst, aber ich werde sie schon bald überzeugen, dass es keinen Grund zur Sorge gibt. Ich fahre mutig an, stelle aber unzählige Male den Scheibenwischer an, als ich mit der rechten Hand vergeblich nach der Gangschaltung suche. Ansonsten läuft alles hervorragend. Für ungefähr fünf Minuten.

Dann fangen sich die Autos hinter mir an zu stauen und wir fahren in eine kleine Stadt ein.

„Du bist viel zu weit auf der linken Seite!", ruft Elli alle paar Meter, aber die Distanzen sind nun wirklich nicht leicht einzuschätzen, wenn man auf der falschen Seite sitzt. Das Linksfahren ist aber noch das kleinste Übel. Was ich wirklich gewöhnungsbedürftig finde, ist die Tatsache, dass es statt unserer Rechts-vor-links-Regel keineswegs eine Links-vor-rechts-Regelung gibt. Davon bin ich immer ausgegangen, bis ich unter lautem Gehupe meine erste Kreuzung überquerte.

„Spinnst du eigentlich?" Elli klammert sich mit beiden Händen an den Türgriff und ist jetzt so weiß wie ein Gespenst.

„Hatte ich denn keine Vorfahrt?" Ich bin mir keines Vergehens bewusst.

„Hast du denn den Strich auf der Fahrbahn nicht gesehen?" Einen Strich auf der Fahrbahn? Erst jetzt lerne ich, dass die Vorfahrt mit Markierungen auf der Straße geregelt wird: Ein Strich bedeutet Vorfahrt gewähren, kein Strich bedeutet, dass man Vorfahrt hat oder die Behörden den Strich vergessen haben. Im Zweifelsfalle immer das Letztere.

Und so halte ich von nun an den meisten Kreuzungen, bis mich die anderen Fahrer mit einem freundlichen Lächeln weiterleiten. Zum Glück scheint es in keinem anderen Land so viele geduldige Autofahrer wie in England zu geben. Immer wieder wird mir aus Nettigkeit Vorfahrt gewährt, immer wieder bedanken sich Autofahrer mit Gesten oder Lichtzeichen, dass ich ihnen die Vorfahrt gelassen habe, obwohl sie die sowieso hatten. Die große Mehrheit der englischen Autofahrer ist bis zum Verzweifeln zuvorkommend.

So muss ich auf meiner ersten Fahrt auf eine dichtbefahrene Straße abbiegen. Da wir aber erst kurz auf der Landkarte nachschauen wollen, ob wir auf dem richtigen Weg sind, kommt mir die Pause sehr gelegen. Ich komme zum Stehen, habe nicht einmal den Straßenatlas aufgeschlagen, da hält schon das nächste Auto an und der Fahrer signalisiert mir, mich vor ihm einzuschlängeln.

„Idiot! Sieht der nicht, dass wir beschäftigt sind!“, beschwert sich Elli.

Ich bedanke mich mit einer Handbewegung und weiter geht es mit meiner Trainingsfahrt.

Und dann biegt vor mir völlig geräuschlos ein mysteriöses Gefährt ein, dessen Fahrer mir mit seiner Kappe schwenkend zuwinkt.

„Was ist denn *das?*“

„A milk float, of course.“

Ein Milchauto! Beweise dafür, dass es sie gibt, habe ich bisher nur in den Flaschen vor unserer Haustür gesehen, doch sonst sind die Milchautos viel zu früh für so Leute wie mich unterwegs. Um bei ihren Lieferungen in den frühen Morgenstunden niemanden aufzuwecken, werden sie elektrisch betrieben und bringen es, wenn ihre Fahrer mal ein bisschen zu lang geschlafen haben und mit ihren Lieferungen spät dran sind, zu einer Höchstgeschwindigkeit von ganzen 20 Kilometern pro Stunde. Und ich stecke hinter einem von ihnen fest!

„Komm, jetzt kannst du aber wirklich überholen!“ Elli wird ungeduldig, aber zehn Minuten später schieben wir uns noch immer im Zeitlupentempo hinter dem Wägelchen her.

„Warum der aber auch nicht mal abbiegen kann“, sage ich genervt, und Elli wirft ein, dass er wahrscheinlich genau wie wir gerade auf dem Heimweg nach London ist und für die gesamte Rückfahrt vor uns sein wird. Selbst die sonst so geduldigen englischen Fahrer hinter mir werden langsam ein wenig unruhig. Die Schlange muss mittlerweile mehrere Kilometer zurückreichen und ich werde langsam nervös.

Doch dann kommt sie, meine Rettung, und zwar in der Form eines *Roundabouts*, eines Kreisels. „Da werde ich das verdammte Milchauto ja wohl loswerden!“ Ich bin entzückt. Aber Elli bleibt stumm. Während wir uns mit unseren 15 Kilometern pro Stunde langsam Richtung Kreisel vorschieben, sagt sie kein Wort.

„Was ist denn los? Du bist doch jetzt wohl nicht sauer auf mich, weil ich mich nicht getraut habe, zu überholen?“

„Nein, nein, ich mache mir nur Sorgen.“

„Warum denn? Habe ich was falsch gemacht?“

„Nein.“

Ellis Stimme klingt unerwartet bedrückt. „Das hier hätte ich dir lieber in deiner ersten Fahrstunde erspart.“

„Was denn?“ Welche verkehrsbedingte Katastrophe kommt jetzt noch auf mich zu?

Endlich rückt sie mit der Sprache raus.

„Das da vorne ist der *Hemel Hampstead Magic Roundabout*. Da bekomme selbst ich ein bisschen Angst beim Auffahren.“

„*Magic Roundabout*? Hört sich toll an.“

„Nicht wenn du wüsstest, worum es sich dabei handelt. Halt sofort an und steig aus.“

So befehlerisch habe ich Elli selten erlebt, also stoppe ich trotz Hupkonzert hinter uns kurzerhand und wir wechseln die Plätze.

„Das ist kein normaler *Roundabout*“, erklärt sie dann beim Weiterfahren, „sondern sieben Mini-Kreisel in einem Großkreisel, an denen das Besondere ist, dass man sowohl im Uhrzeigersinn als auch gegen den Uhrzeigersinn fahren kann.“

Ich versuche, mir das Ganze vorzustellen, aber es gelingt nicht recht.

„Und du musst dir merken, wann man in England im Kreisverkehr blinken muss und wann nicht. Also, auf der inneren Spur blinkst du rechts vor jeder Ausfahrt, die nicht genommen wird, auf der Außenspur nicht blinken vor Ausfahrten, die nicht genommen werden, aber nach der letzten Ausfahrt, die nicht genommen wird, und vor der Ausfahrt, die genommen wird, links blinken."

„Aha?" Wieder einmal versagt meine Vorstellungskraft und ich beschließe, in Zukunft alle Kreisel einfach zu vermeiden. Langsam wird mir klar, warum der Schöpfer die Briten auf eine Insel verbannt hat.

Und dann sind wir plötzlich schon mittendrin in dem *Magic Roundabout* und Autos kommen aus allen Himmelsrichtungen auf uns zugesaust, fahren dann gerade noch rechtzeitig auf den nächsten Kreisel ab, während wir ständig die Richtung und Fahrspur zu wechseln scheinen.

„Einfach Augen zu und durch." Als ich Elli ängstlich von der Seite anschaue, bin ich sicher, zu sehen, dass sie tatsächlich die Augen für eine ganze Weile geschlossen hält.

Irgendwann kommen wir heil am anderen Ende wieder heraus und fahren sogar in die richtige Richtung.

„Das war super, können wir das noch einmal machen?"

„Wenn du erst mal dein eigenes Auto hast, kannst du jeden Tag wiederkommen", antwortet Elli.

Nach einigen Wiederholungen dieser sonntäglichen Übungsfahrten rückt dann der Tag des Autokaufes näher. Moses, ein togolesischer Mathelehrer an meiner Schule und selbsternannter Autoexperte, hilft mir dabei und eine Woche später bin ich stolzer Besitzer eines zehn Jahre alten Minis. Was denn auch sonst? Für den habe ich mich nicht etwa entschieden, weil ich Mr-Bean-Fan wäre, sondern lediglich aus der praktischen Überlegung, dass das Rückwärts-Einparken noch nie meine Stärke war und die Stellplätze vor unserem Haus selten die Zweimetergrenze überschreiten. Mit einem Auto, das größer als ein Mini ist, hätte ich da überhaupt keine Chance.

Für das Recht, vor meinem Haus parken zu dürfen, oder auch eine halbe Meile die Straße runter, wenn vor dem Haus selber wieder einmal kein Platz ist, bezahle ich stolze 120 Pfund pro Jahr. Dafür aber spart man anders auf der Insel: Wer auch immer es schafft, für Geschwindigkeitsübertretungen geblitzt zu werden, muss ein großer Pechvogel sein. Denn Radarfallen werden hier, höflich wie immer, unübersehbar angekündigt. Mit Warnschildern, knallgelben Kamerakästen und natürlich den obligatorischen Fahrbahnmarkierungen. Fair Play muss sein. Als ich Elli erzähle, dass Radarfallen in Deutschland getarnt und versteckt werden, ist sie entsetzt: „Und da beschwert sich niemand? *What a strange country!*"

Und auch beim Parkplatzsuchen in der Hauptstraße von Primrose Hill kommen mir die englischen Behörden sehr zuvorkommend vor. Nirgendwo ein Parkverbotsschild und wunderbar viel Platz. Bis ich dann eines Tages von einem Kurzbesuch im Supermarkt auf die Straße trete und weit und breit keinen Mini sehe.

Ich laufe zweimal die Straße auf und ab, gehe zurück in den Supermarkt, bleibe ein paar Minuten an der Käsetheke stehen und überlege hin und her. Als ich wieder heraustrete, ist das Auto immer noch weg. Einfach verschwunden.

„Excuse me", rede ich eine wildfremde Frau an, die zufällig vorbeigeht, „haben Sie hier eben ein Auto gesehen?"

„No", sagt sie und läuft weiter. Der Autoschlüssel rasselt in meiner Hand. Das kann doch nicht wahr sein.

Dann tippt mir jemand auf die Schulter. Ich drehe mich um und schaue einer Politesse ins Gesicht. Ohne einen Ton zu sagen, zeigt sie auf die Straße.

Ich folge ihrem Finger und sehe zwei längslaufende Streifen auf der Fahrbahn. Natürlich. Ich hätte mich gleich nach Strichen umsehen sollen.

„Absolutes Halteverbot, *my dear.*“

„Ja, und wo ist mein Auto?“

„Abgeschleppt. Hier ist die Adresse, da können Sie es wieder abholen.“

Ich schlucke erst mal.

„Hätte ein Strafmandat nicht gereicht? Oder selbst eine Kralle?“

„Tut mir leid, *my dear*, so läuft das nun mal.“

Ich frage erst gar nicht nach den Kosten, sondern nehme die erste U-Bahn Richtung Euston, wo mein Mini angeblich hinverschleppt worden ist.

In einer Nebenstraße in der Nähe des Bahnhofes finde ich die Adresse: Neben einem Schrottplatz befindet sich ein großes Gelände, auf dem die heutige Beute zur Schau steht. Hunderte von Autos stehen aneinandergereiht, als würden sie hier zum Verkauf dargeboten. Zwischen den glänzenden Metalldächern erblicke ich nach einigem Suchen meinen Mini. Ein Mann im blauen Overall bringt mir meine Rechnung: 125 Pfund plus eine mysteriöse Gebühr von 50 Pfund für das „Befahren der Zone“.

„Ich verstehe zwar, dass ich für das Abschleppen zahlen muss. Aber dass ich in eine verbotene Zone gefahren bin, war mir nicht bewusst.“

„Sie haben doch wohl von der *Congestion Charge* gehört?“ Ich nicke. Die *Congestion Charge*, eingeführt vom Bürgermeister Ken Livingstone, ist eine Gebühr für das Befahren der Londoner Innenstadt. Zu der Primrose Hill aber nun ganz bestimmt nicht gehört, wie ich dem Mann aufgebracht erkläre.

„Das nicht, aber wir sind hier ja in Euston. Und das ist in der *Congestion Zone.*“

„Ja, aber da bin ich doch nicht reingefahren.“

„Nein, aber Ihr Auto ist reingefahren, ohne dass die Gebühr bezahlt wurde.“

„Es wurde *reingeschleppt*!“

„Was auch immer, jedenfalls ist es jetzt drin. Tut mir leid, *love*, aber entweder Sie zahlen oder Ihr Auto bleibt hier.“

Ich habe keine große Wahl. Als ich ihm einen Scheck in die Hand drücke, reicht er mir ein Formular.

„Hier, füllen Sie das aus, dann bekommen Sie Ihre 50 Pfund schon wieder. *Don't worry.*"

Er zwinkert mir zu und verschwindet. Wenige Tage nachdem ich das Beschwerdeformular abgeschickt habe, trifft schon ein Brief von der Stadtverwaltung ein. „Hiermit übersenden wir Ihnen einen Scheck im Werte von 50 Pfund und entschuldigen uns für unseren Fehler. Wir hoffen, Ihnen damit keine Unannehmlichkeiten bereitet zu haben."

Ich bin sehr glücklich. Bis mich am nächsten Morgen, einem Sonntag, ein Dauerklopfen an der Tür aufweckt. Ich schaue auf meinen Wecker. Es ist gerade mal halb neun. Ich stelle mich schlafend, doch das Klopfen nimmt eine ohrenbetäubende Lautstärke an.

„Hello? Who is it?", rufe ich, springe schnell aus dem Bett und werfe die erstbesten Kleider über, die über der Stuhllehne hängen. Immer noch hoffe ich, dass, wer auch immer es ist, er einfach von selbst wieder verschwindet, und ich zurück ins Bett kann. Mit auf links gedrehtem Hemd schließe ich auf und sehe vor mir zwei Männer in weißen Overalls.

„Ja bitte?"

„*Good morning!* Können wir reinkommen?"

Die beiden sehen aus, als wären sie mit ihren weißverkrusteten Schuhen und Kleidern gerade einem Farbfass entstiegen. Ich schaue sie fragend an, worauf der eine, ein stupsnasiger kleiner Mann voller Sommersprossen, einen Schritt über die Türschwelle macht und dann schon mitten in meinem Zimmer steht. Der andere, mit einer kleinen Leiter und zwei Eimern bewaffnet, schiebt sich darauf ebenfalls an mir vorbei und folgt seinem Begleiter.

„*Sorry*, aber –", setze ich an, doch der Mann mit der Leiter unterbricht.

„Larry, kannst du runtergehen und noch die größere Leiter holen?", fragt er seinen Kollegen.

„Sorry", fange ich erneut an, diesmal doppelt so laut, aber wieder fällt mir der Mann mit der Stupsnase ins Wort.

„Die Bücher auf dem Regal musst du aber abräumen, da können wir nicht drumherum streichen. Und das Bett muss ein bisschen zur Seite."

„Streichen?"

„Hat Barry dir denn nicht gesagt, dass wir heute kommen?"

„No."

Sie schauen mich mitleidig an.

„Wie lange wird das dauern?", frage ich.

„Ach, gegen Mittag sind wir bestimmt fertig. Und wenn du das Fenster offen lässt, wird der Farbgeruch gegen Abend schon verschwunden sein."

„Na, dann ist ja gut", sage ich, vor Wut fast kochend.

Die beiden fangen an, meine Möbel in die Mitte des Zimmers zu schieben und alles mit Folie abzudecken. Dann nehmen sie meine Bilder von der Wand und legen sie auf das Bett. Der eine bemerkt meine Unmut und zwinkert mir zu.

„Wenigstens wirst du die hässliche Blümchentapete jetzt los!"

Ich möchte ihm erklären, dass ich die Blümchentapete eigentlich liebgewonnen habe und sie gar nicht loswerden will, aber es hat ja doch keinen Sinn. Ich helfe beim Regalabräumen, greife mir meine Tasche und mache mich dann auf zum Park.

Wenigstens scheint die Sonne, und so habe ich jetzt eine gute Entschuldigung, den Samstagmorgen im Primrose Hill Park zu verbringen, anstatt E-Mails zu schreiben und mich auf die kommende Woche vorzubereiten. Ich kaufe mir im Supermarkt an der Ecke eine Zeitung und ein Sandwich und steige dann auf die Anhöhe. Über der Stadt liegt noch Dunst, und ich kann gerade eben die Hochhäuser der City in der Ferne ausmachen. Selbst so früh morgens sind schon viele Leute unterwegs: Einige Jogger und Hundebesitzer kommen mir entgegen, und auf einem Rasenstück spielen ein paar Kinder

Cricket. Ich finde einen Platz im Schatten eines Baumes und setze mich auf meine Jacke. Dies ist mein Lieblingsplatz in ganz London. Ich packe mein Sandwich aus, falte die Zeitung auf und bin den Anstreichern eigentlich dankbar, dass sie mich so unwirsch hierhin vertrieben haben.

Dann merke ich aus den Augenwinkeln, wie mich etwas anstarrt. Ich drehe mich langsam um: Zwei große braune Augen gucken mich, oder besser gesagt mein Sandwich, gierig an.

„Kusch! *Go away*!" rufe ich, aber das dicke graue Eichhörnchen lässt sich nicht so schnell einschüchtern.

„Du wartest wohl auf den richtigen Augenblick, eh?"

Ich lese weiter, lasse aber mein Sandwich nicht aus den Augen. Das Eichhörnchen schlägt ungeduldig mit dem Schwanz, macht aber keinerlei Anstalten, zu verschwinden.

Dann fällt mein Blick auf die heutige Schlagzeile: „Drogenkrieg in London neu entfacht – Angst geht um in unseren Parks!!" Ich lese schaudernd weiter. Diesen neuen Rauschgiftterror, so die Times, hätten wir einem neuen zoologischen Phänomen zu verdanken: und zwar dem des Crack-Eichhörnchens. Drogendealer, so der Artikel, vergrüben oft kleine Stücke von Crack in Parks und Vorgärten, wo sie von gewitzten Eichhörnchen auf der Futtersuche aufgespürt und verzehrt würden. Und eine Sucht bleibe natürlich bei den zierlichen Tierchen auch nicht aus. Ein Anwohner des im Süden Londons liegenden Stadtteils Brixton hatte eins von den Crackhörnchen mit eigenen Augen beobachtet: „Man sah ihm an, dass es genau wusste, wonach es suchte. Es sah krank aus und seine Augen waren blutunterlaufen, aber es grub trotzdem weiter, ganz offensichtlich verzweifelt auf der Suche nach mehr Crack." Ich betrachte das Eichhörnchen, das es offensichtlich auf mein Frühstück abgesehen hat, mit noch größerer Skepsis. Ein Eichhörnchen unter Drogeneinfluss kann vielleicht gewalttätig werden.

Als ich von meiner Zeitung aufschaue, sehe ich allerdings etwas, was mich für den Rest des Tages noch mehr verstört: Ein wenig den Hügel abwärts bleibt ein Pärchen am Wegrand stehen, breitet ein großes Badetuch aus und setzt sich dann darauf. Sie: lange, schwarze Locken, Beine so dünn wie mein kleiner Finger und braungebrannt, als käme sie gerade aus einem Karibikurlaub wieder. Und er? Mein Herz bleibt stehen. Das kann doch nicht wahr sein. Niemand anderes als Jake!

Ich beobachte die beiden einige Minuten, sehe, wie er ihr liebevoll den Rücken eincremt, sie gemeinsam ein Magazin lesen und sich dabei amüsieren, und dann habe ich genug. Was für eine Erniedrigung! Wenn er mich jetzt erblickt und ignoriert. Oder herüberkommt und so tut, als sei nichts geschehen. Ich muss unbemerkt verschwinden.

In dem Moment schaut die Frau mich durch ihre gigantische Sonnenbrille hindurch an, sagt dann etwas zu Jake und sie schauen beide herüber. Ich lege mich flach auf den Rücken, schließe die Augen und hoffe, dass er mich nicht erkannt hat.

Zehn Minuten später greife ich meine Tasche, springe auf und gehe so schnell wie möglich Richtung Parkausgang. Ich werde meine Kollegin Maddie besuchen und dort warten, bis die Anstreicher fertig sind. Als ich mich noch einmal vorsichtig umdrehe, sind die beiden wieder tief in ihr Magazin vertieft. Ich kann ungesehen entkommen.

November

Mein Akzent im Englischen nähert sich mittlerweile der Perfektion. Anstatt des Tie-Äitsch benutze ich wie alle echten Londoner ein „f“, also *„I fink“* anstatt von *„I think“*, was sowieso einfacher ist, und *„fru“* anstelle von *„through“*, das „h“ am Wortanfang lasse ich einfach weg, und das obligatorische *„isn't it?“* am Satzende kürze ich in ein schneidiges *„innit?“* ab.

Und trotzdem sind die Schüler nicht zufrieden.

„Seit wann wohnen Sie noch mal in England?“

„Seit vier Monaten.“

„Und Sie haben immer noch so einen schlimmen Akzent? Unglaublich.“

Dank meines für sie unaussprechlichen Nachnamens habe ich dann auch bald einen Spitznamen: *„Miss Terminator“*.

Meistens bin ich aber sowieso einfach nur „Miss“ – „Miss, ich habe keinen Stift“, „Miss, ich muss unbedingt aufs Klo“. Die Kinder fragen mich nach der Übersetzung und ich komme ins Stocken.

„Fräulein, Tim hat mir gerade eine runtergehauen, darf ich ihn zurückschlagen?“ hört sich genauso komisch an wie „Frau, Sie haben da ein bisschen Salat zwischen den Zähnen kleben“.

Im Englischen gibt es für das weibliche Geschlecht drei Anreden zur Auswahl: *Miss*, also Fräulein, nicht verheiratet; *Mrs*, gleich Frau, verheiratet; oder *Ms*, ein Zwischending, das allerlei bedeuten kann: eine *Mrs*, die das Extra-„r“ zu bieder findet, eine *Miss*, deren feministische Einstellung sie zur Ablehnung des verniedlichenden Ausdruckes bewegt, oder ich, die sich mit dreißig einfach ein bisschen zu alt vorkommt, noch Fräulein genannt zu werden. Als Lehrerin aber ist man in England eine „Miss“, ob man es mag oder nicht, und das gilt genauso für die 23-jährige Referendarin wie auch für die 62-jährige Fachschaftsleiterin und zweimalige Großmutter.

Trotzdem, finde ich, kann ich den Kindern nicht einfach beibringen, mich als „Fräulein“ anzureden, denn sie sollen doch schließlich lernen, sich in Deutschland zu verständigen, und da käme das „Fräulein“ nun bei den wenigsten erwachsenen Frauen gut an.

Also werde ich von nun an „Frau“ genannt, obwohl vielen auch gar nicht klar ist, was das nun wirklich zu bedeuten hat.

„Ist ‚Frau‘ Ihr Vorname, Miss?“, fragen mich etliche Schüler.

„Die anderen Lehrer verraten uns ihre Vornamen gar nicht, macht man das so in Deutschland?“

Für sie ist von nun an klar: Vorname – „Frau“, Nachname – „Terminator“.

Das Frau-oder-Fräulein-Problem bringt mir aber auch Schwierigkeiten anderer Art. Miss Miller beginnt jede ihrer Schulstunden mit einem begeisterten „Guten Morgen, die Klasse!“, was ich niemals wagen würde, in Frage zu stellen. Schließlich ist Miss Miller meine unmittelbare Vorgesetzte und ich auf ihre Gunst angewiesen.

Doch als ich während einer Freistunde in meinem Klassenzimmer sitzend Hefte korrigiere, höre ich, wie einige Kinder in ihrer Klasse nebenan auf ihren Gruß nicht mit ihrem normalen „Gut Morgen, Fräulein!“ antworten, sondern mit „Guten Morgen, Frau!“ Ein paar Sekunden wird es still, dann sagt sie drohend: „Frau? Wer hat euch beigebracht, *das* zu sagen?“

„Miss Terminator! Und die ist schließlich Deutsche!“

Als wir uns in der Pause im Lehrerzimmer sehen, wirft sie mir einen eisigen Blick zu, und mir fällt Maddies Warnung ein, mich vor ihr in Acht zu nehmen.

Der November ist für viele Londoner ein schlafloser Monat, denn am fünften November ist *Bonfire Night*. Und an diesem Tag ist es Pflicht, so viele Raketen, Heuler und Böller wie möglich abzuknallen.

Bis 1959 war das Nichtfeiern sogar gesetzlich verboten: Wer nicht feierte, war ein Staatsfeind, denn schließlich wird mit den Feuerwerken der Hinrichtung Guy Fawkes gedacht, der im Jahre 1605 Hochverrat beging und versuchte, das englische Parlament in die Luft zu jagen. Und zwar, um sich gegen die Unterdrückung der Katholiken im Lande einzusetzen.

Aber da die Briten sich nicht so eng an Regeln halten, nehmen sie es auch mit dem Jahrestag nicht ganz genau – knallen tut es schon Wochen vorher, und zwar in einer das Trommelfell schädigenden Lautstärke. Denn während man bei uns zu Silvester ausnahmsweise für ein paar Tage Feuerwerke der Kategorie 2 erstehen kann, ist es hier kein Problem, Knaller mit Stärke 3 oder 4 und so beeindruckenden Namen wie „Koloss" und „Urknall" zu kaufen.

Als wieder einmal um zwei Uhr nachts ein Böller nach dem anderen mit der Unaufdringlichkeit eines Düsenjägers direkt vor unserem Haus gezündet wird, klopfe ich an Yitkees Tür, aus der noch ein Lichtstrahl fällt.

„Schläfst du auch noch nicht?"

„Ich schlafe im November immer tagsüber", entgegnet Yitkee resigniert.

„Aber es sind nur noch zwei Tage bis zum fünften, und anschließend wird es für ein paar Tage ruhiger."

„Für ein paar Tage?", frage ich, Böses ahnend.

„Ein paar Tage ist Ruhe, wenn wir Glück haben, und dann ist Diwali. Das Lichtfest der Hindus ..."

„... und das wird mit Raketen und Knallern gefeiert", beende ich seinen Satz. Hindus gibt es in London eine Menge, schließlich war Indien mal britische Kolonie. Bis Diwali, denke ich allerdings, werde ich wohl einen solchen Schlafmangel haben, dass das ganze Haus explodieren könnte, ohne mich zu wecken.

Aber Mr Fawkes' gescheiterter Sprengstoffanschlag hat auch seine guten Seiten: Überall in der Stadt gibt es riesige Feuer, und das größte und beliebteste findet gleich um die Ecke statt. Auf dem Hügel von Primrose Hill.

Da der Fünfte in diesem Jahr auf einen Montag fällt, wird die „Bonfire Night" aus praktischen Gründen halt ein paar Tage vorgeschoben. Die Feier findet also am Samstag statt, um acht Uhr abends, und schon vom frühen Nachmittag an füllen sich langsam die Straßen. Immer mehr Menschen strömen unsere Straße entlang Richtung Park, und die Pubs sind so voll, dass die Leute an allen Ecken auf die Bürgersteige drängen.

Wie immer gut organisiert, hat Yitkee ein paar Leuchtkerzen besorgt, und um auch Teil des Geschehens zu sein, stehen wir zu zweit auf unserem Balkon und schwenken die flimmernden Stäbchen elegant durch die Luft.

„Auf den Hügel müssen wir aber auch, oder?", frage ich, als es langsam Zeit wird für den Beginn des Feuers.

Wir lassen uns also von den Massen Richtung Park mitreißen. Alle umliegenden Straßen sind abgesperrt, Autos würden bei diesem Gedränge sowieso nicht durchkommen, und der Bürgersteig ist bedeckt mit abgebrannten Leuchtkerzen, weggeworfenen Dosen und Chipstüten. Als wir die Häuser hinter uns lassen und den steilen Berg des Parkes hinaufgehen, wird das riesige Feuer gerade angezündet. Es ist ein toller Anblick – auf der einen Seite die lodernden Flammen, auf der anderen in der Ferne die Lichter der Londoner Innenstadt. Und dazwischen glückliche Kinder, die versuchen, so nahe wie möglich an die Flammen heranzukommen, bis sie vom Sicherheitspersonal zurückgewiesen werden, woraufhin sie einen kleinen Bogen machen und es stattdessen auf der anderen Seite versuchen.

Insgeheim hoffe ich darauf, Jake hier zu treffen. Schließlich wohnt er im benachbarten Highgate und den Menschenmassen nach zu urteilen ist ganz Nordlondon hier versammelt. Nachdem ich ihn vor einigen Monaten mit seiner Freundin hier im Park gesehen habe, kann ich mich unmöglich bei ihm melden, aber vermissen tue ich ihn trotzdem. Doch das einzige bekannte Gesicht unter den Tausenden ist Barry.

„Yitkee, deine Miete ist schon seit zwei Tagen fällig!", ruft er uns von weitem zu. Yitkee schaut beschämt auf den Boden.

Barrys drei kleine Jungen, alle in dieselben Kniebundhosen und Schirmmützen gekleidet, laufen immer näher an das Feuer heran, während seine Frau verzweifelt versucht, sie aus der Gefahrenzone herauszuziehen. Nicht nur haben Barry und seine Frau Mary schon selbst reimende Namen, auch haben sie ihre beiden älteren Jungs auf Larry und Harry getauft. Nur der kleinste, Jamie, passt nicht ganz dazu, was ihn sicherlich zum schwarzen Schaf der Familie werden lässt, befürchtet Yitkee.

„Sie hätten ihn doch Terry nennen können. Oder Jerry", schlägt Yitkee vor. „Vielleicht kommen ja noch ein paar Kinder nach", tröste ich ihn.

Die anderen Anwesenden bei dieser Bonfire Night sind ein buntes Gemisch aus vornehmeren Primrose-Hill-Bewohnern, Familien, die es sich trotz Kälte mit Picknickkorb und Decken auf dem Gras gemütlich gemacht haben, aus Bierdosen trinkenden Jungs und ein paar vereinzelten Touristen.

Um neun Uhr geht das Feuerwerk los. Der Geruch verbrannten Holzes mischt sich mit dem Schwefeldunst der Raketen. Zugleich wird eine Strohnachahmung Guy Fawkes' ins Feuer geworfen und lodert innerhalb von Sekunden hell auf.

„Ich bin Ire und damit katholisch. Diese Verbrennung eines guten Katholiken wie Guy Fawkes kann ich eigentlich nicht befürworten, ich bin nur meiner Kinder zuliebe hier." Jeweils eine Bierdose in der linken und rechten Hand balancierend, erzählt Barry allen Besuchern Geschichten aus seinem Leben, während das Feuerwerk langsam ausklingt und Yitkee und ich uns wieder auf den Weg nach Hause machen.

Die Bonfire Night ist vorbei, aber jetzt wird es wirklich Zeit, sich auf Weihnachten vorzubereiten. Die Geschäfte übertreffen sich schon seit Oktober gegenseitig mit ihren überschwänglichen Weihnachtsdekorationen und die ersten Tannenbäume gibt es auch schon zu kaufen.

„Die stellt man bei uns erst an Heiligabend auf", erkläre ich Elli bei einem Einkaufstrip.

„Aber da hat man dann ja nur so kurz was davon! Wir stellen unseren Baum normalerweise am 1. Dezember auf und am 6. Januar wird er wieder weggeräumt, sonst bringt er einem Pech."

Dadurch erklärt sich vielleicht die englische Vorliebe für Plastikbäume, denn welcher echte Tannenbaum hat nach fünf Wochen Heizungsluft noch viele Nadeln?

Eine sechswöchige Flut von Weihnachtskarten beginnt: Ich bekomme Karten von meiner Bank, von meiner Arztpraxis, sämtlichen Kollegen, und sogar von Tony Blair. Der grinst samt seiner Familie von der Tür von Number 10 aus dem Betrachter entgegen. Eine Milliarde Christmas Cards werden jährlich in Großbritannien verschickt, und es ist Brauch, seinen eigenen bescheidenen Anteil davon auf der Kommode aufzustellen oder besser noch auf dem Kamin. Viele englische Familien legen sich extra zu diesem Zweck einen Plastikkamin zu, der weder einen Rauchabzug noch eine echte Flamme hat, sondern aus nachgebildetem Keramikbrennholz und einer Gasflamme besteht. Ohne ein solches Kamin-Imitat ist das englische Wohnzimmer einfach kein Wohnzimmer, und außerdem fehlt sonst der geeignete Platz für die jährliche Kartensammlung.

Und wenn die Kartenkollektion zum größten Teil aus kitschigen Teddybär- und Rotkehlchenmotiven besteht, ist das ganz egal, solange eine akzeptable Anzahl von Karten zur Schau gestellt werden kann. Denn hieran kann man messen, wie beliebt ein Brite bei seinen Landsleuten ist. Wenn jemand behauptet, er finde diese Kartenprahlerei albern, und das Ganze gar als ungesundes Wettbewerbsdenken abtut, handelt es sich ganz ohne Frage um den unbeholfenen Studenten von nebenan, der jedes Jahr nur einen Gruß von seinen Eltern erhält.

Auch ich habe noch lange nicht die erwünschte Menge an Karten vorzuzeigen, doch dem ist leicht Abhilfe zu schaffen: Ich hänge meine zwölf schon erhaltenen Karten an eine Wäscheleine, die an der Wand entlangläuft und einem sofort beim Betreten meines Zimmers ins Auge fällt. Noch muss ich die

Karten weit auseinanderhängen, um einen Schein von Fülle zu erzeugen, doch ich habe einen Plan. Je näher die Weihnachtsferien rücken, desto entspannter wird der Unterricht an der Schule, und ich beschließe, dass es an der Zeit sei, einige Kartenbastelstunden einzufügen. „Unser Lernziel für heute: *Merry Christmas* auf Deutsch sagen zu können, und Miss Regeniters Wäscheleine bis zum Bersten mit Karten zu füllen."

Es gibt sogar einen Preis für die schönste Karte, und so schneiden, kleben und malen sämtliche meiner Klassen Stunde um Stunde höchst angestrengt und produzieren eine Karte nach der anderen.

„An wen sollen wir die Karten denn adressieren?"

„Ja, an mich natürlich", sage ich und wende mich schnell dem nächsten Schüler zu. Gott sei Dank stellt keines der Kinder meine Anweisung in Frage, und so habe ich bald buchstäblich Hunderte von persönlich an mich geschriebenen Weihnachtskarten. Und da das Basteln den Kindern sehr viel mehr Spaß macht als Vokabeln zu lernen, sind auch die Unmotiviertesten eifrig bei der Sache. Sam, der sich sonst nur durch seine unbeschreibliche Frechheit auszeichnet, schreibt: „For Miss, Frohlich Weinnacht. Ruten Gutsch in Neues Jahr. Viel Leibe von Sam. Kußchen, Kußchen, Kußchen. PS: Deusch is gutt." Ich bin sehr gerührt und gebe der Karte einen Ehrenplatz an meiner Wäscheleine.

Am Ende muss ich sogar noch zwei weitere Schnüre aufhängen, um genug Platz zu machen für all die Weihnachtsgrüße. Wer auch immer jetzt mein Zimmer betritt, muss denken, ich wäre entweder höchst berühmt oder hätte soeben im Lotto gewonnen, denn wie sonst wäre meine ungemeine Beliebtheit zu erklären?!

Nicht jeder ist jedoch von meinem Weihnachtsschmuck so angetan wie ich selber.

„*Mamma mia,* was ist denn in deinem Zimmer passiert? Und es ist doch noch nicht einmal Dezember!", ruft Felice, als er meine neue Dekoration zum ersten Mal zu Gesicht bekommt. Elli hingegen, die natürlich schon von klein auf mit dieser Kartenkonkurrenz zu kämpfen gehabt hat, ist beeindruckt, wenn sie dies auch nur mit typisch englischem Understatement zu verkünden wagt: „Mhh, nicht schlecht. Die eine oder andere Karte hast also selbst du bekommen."

Ich bin sehr stolz und fühle mich endlich richtig in die englische Gesellschaft eingegliedert. Jetzt fehlt nur noch der Kamin und alles ist perfekt. So denke ich jedenfalls, bis mich einige Tage später ein Mädchen in meiner Klasse anspricht.

„Warum haben Sie denn keine Karten in Ihrem Klassenzimmer? Hat Ihnen denn noch niemand eine Weihnachtskarte geschickt? Miss Miller hat bestimmt schon fünfzig an ihrer Wand hängen!"

Zur Freude meiner Schüler fangen die Kartenbastelstunden also wieder von vorne an, und diesmal bitte ich darum, auch einige unbeschriftete Karten zu produzieren. Denn das Kartenschicken kann einem auch finanziell an den Kragen gehen: Wenn man bedenkt, dass der Durchschnittsbrite um die fünfzig Karten pro Jahr verschickt und noch dazu das Porto bezahlt werden muss, kommt eine ordentliche Summe zusammen.

Gerade jetzt, wo ich vom Kartensammeln und Kartenschicken beansprucht bin und gerade erst mein Schlafdefizit vom Beginn des Monats wieder wettgemacht habe, denken sich meine Nachbarn leider eine neue Schikane aus, um mich in den Wahnsinn zu treiben.

Zum ersten Mal bekomme ich davon Wind, als ich beobachte, wie der Mann vom Haus schräg gegenüber langsam eine rote Plane vom Dach abseilt, die fast bis zum Boden reicht und alle Fenster an der Hausvorderseite bedeckt.

Ich überlege mit Schrecken, dass die Nachbarn wahrscheinlich ihr Haus renovieren und von nun an von sieben Uhr morgens am Bohren sein werden.

Die Wahrheit ist natürlich viel schlimmer. Im Laufe des Tages wird die Plane von einem der Zimmer aus mit Luft aufgepumpt und nimmt immer mehr an Form an. Schließlich wird mir klar: Die rote Plane ist ein aufblasbarer Plastikweihnachtsmann, der in seiner vollen Größe ein Viertel der Hauswand einnimmt und aussieht, als wäre er gerade auf dem Weg zum Schornstein, um dort Geschenke abzuliefern. Der schöne Blick von meinem Balkon ist wohl für die nächsten Wochen erst Mal zerstört.

Doch es soll noch schlimmer kommen.

Mit dem Weihnachtsmann ist bei meinen Nachbarn noch lange nicht das Ende der diesjährigen Dekoration erreicht. Es fängt jetzt erst richtig an.

Neben dem Weihnachtsmann erscheinen auf dem Dach balancierend ein giftgrünes Plastikrentier, dessen Augen im Wechseltakt rot blinken, und unzählige neonfarbene Sterne, die an den wenigen noch freien Stellen an der Hauswand befestigt sind. Und auch diese blinken unnachgiebig. Nun ist dies nicht nur ästhetisch einfach nicht akzeptabel, finde ich, sondern es verspricht schlaflose Nächte für sämtliche Nachbarn in der näheren Umgebung. Denn Rollläden gibt es nicht in England.

In der ersten Nacht mache ich kein Auge zu, denn in meinem Zimmer flimmert es, als wären fünf Blaulichtwagen direkt vor meinem Fenster geparkt. Fast denke ich an Umzug. Doch einige Tage später lerne ich dann einen etwas sympathischeren Nachbarn kennen, dessen Anwesenheit meine Straße wieder aufwertet: Als ich an einem Samstagmorgen in dem kleinen Supermarkt direkt neben dem grünen Hügel von Primrose Hill etwas Gemüse für das Mittagessen kaufen will, steht in der Schlange vor mir ein Mann Mitte dreißig, der mit einem blondgelockten kleinen Jungen schimpft, der wie am Spieß schreit, weil er keine Gummibärchen kaufen darf.

„Wenn du nicht sofort aufhörst, musst du gleich ins Bett, du kleiner Strolch!“

Ich zucke zusammen. Irgendetwas kommt mir bekannt vor. Die Stimme kenne ich doch!

Nein, das kann doch nicht sein. Ich mustere den Mann vor mir genauer, dann schaue ich hinüber zum Zeitungsregal. Alle Blätter haben die gleiche Schlagzeile: „Jude Law entschuldigt sich für Affäre mit Kindermädchen". Daneben große Bilder des Schauspielers, die ihn mit traurigem Blick in die Kamera schauend zeigen oder mit einem als Entschuldigung für seine Verlobte bestimmten Blumenstrauß im Arm.

„Jude voller Reue!"

„Sienna Miller trennt sich von Englands schönstem Mann!"

Ich schaue zurück zu dem Vater vor mir, der mittlerweile dem Jungen doch die Gummibärchen gekauft hat, um endlich Ruhe zu haben. Der Junge kreischt weiter.

Der schönste Mann Englands? Da steht er direkt vor mir, und ich habe ihn noch nicht einmal erkannt.

Ich merke plötzlich, dass meine Hände zittern und ich Mühe habe, das Brot und den Käse nicht auf den Boden fallen zu lassen. Dabei, so sage ich mir immer wieder, mag ich den Schauspieler noch nicht einmal besonders und sowieso ist es albern, Berühmtheiten wie ihm mehr Aufmerksamkeit zu schenken als Normalsterblichen.

Und trotzdem, irgendwas *muss* ich tun – diese einzigartige Gelegenheit, einmal Jude Law persönlich vor mir zu haben, kann ich doch nicht so einfach ohne ein Wort verstreichen lassen! Aber was?

Schon ist er an der Reihe und bezahlt, und ich habe nur noch wenige Augenblicke, um mir einen Plan auszudenken, mit ihm ins Gespräch zu kommen.

Was könnte ich nur sagen?

„Hallo Jude, diese ganze Sache mit der Affäre tut mir leid, ich hoffe, es renkt sich alles wieder ein" – nein, das geht mich ja gar nichts an.

„Ich konnte Sienna noch nie leiden" – das erst recht nicht.

„Dein letzter Film war wirklich super!" – zu langweilig.

Es hilft alles nichts, er dreht sich um und geht zur Tür, und ich habe immer noch nicht den Mund aufgemacht.

Da verliert das Kind plötzlich das Gleichgewicht und fällt nach hinten. Es hätte sich sehr weh tun können, es hätte sich das Genick brechen können, aber wer kommt zu Hilfe? Ich!

Mit schnellem Griff rette ich den Jungen vor einem halsbrecherischen Fall, und für einen Moment krallt sich seine kleine Hand in meine, bis er dann heulend in die Arme seines Vaters entflieht.

„Oh, I'm so sorry, thank you so much!", lächelt der mich an, während ich vor Glück fast dahinschmelze.

Doch das Einzige, was ich zur Antwort herausbringe, ist ein heiseres *„no problem"*.

Und schon ist er zur Tür hinaus und verschwunden.

Ich schwebe im siebten Himmel und schaue mich in der Hoffnung um, dass möglichst viele den Vorfall mitbekommen hätten. Doch die anderen Leute in der Schlange hinter mir schauen gleichgültig vor sich hin.

Irgendwie rutscht es mir dann doch raus: *„That was Jude Law!"*

Sind die denn alle blind? Die Frau hinter mir räuspert sich und lächelt beschämt, eine andere Frau verdreht die Augen, als wäre meine Bemerkung völlig fehl am Platze. Die Verkäuferin schaut mich mitleidsvoll an.

„Der kauft hier jeden Tag ein."

Offensichtlich findet sie meine Aufregung sehr kindisch. Ich werde rot und schleiche gedemütigt aus dem Laden. Anders als der Rest der Primrose-Hill-Bevölkerung habe ich mich noch nicht daran gewöhnt, in unmittelbarer Nähe unzähliger Berühmtheiten zu wohnen.

Und so ist auch mein erster Gedanke, als ich aus dem Geschäft heraustrete, in welche Richtung Jude denn gegangen sei. Ich muss nicht weit blicken, denn dort läuft er, den Jungen an der Hand, genau in Richtung meines Hauses. Nun brauche ich ihn noch nicht mal heimlich verfolgen, schließlich muss ich ja sowieso in die gleiche Richtung, sage ich mir, während ich langsam hinter ihm herpirsche. Und tatsächlich biegt er dann rechts ab, direkt in meine Straße.

Mit zitternden Fingern ziehe ich mein Handy aus der Tasche und wähle Ellis Nummer.

„Elli, egal was du gerade tust, geh sofort ans Fenster und schau raus!“

„Was ist denn? Gibt es einen weiteren Blink-Schlitten? Oder ist es diesmal Homer Simpson als Weihnachtsmann verkleidet?“

„Nein, mit unserem Weihnachtsdeko-Fanatiker hat es gar nichts zu tun. Geh sofort zum Fenster, sonst wirst du es für immer bereuen.“

„O. k., na gut, dann ...“, sie klingt nicht gerade begeistert.

Währendessen gehe ich weiter hinter dem ahnungslosen Schauspieler her, der geradewegs auf das Haus gegenüber von unserem zusteuert, seinen Schlüssel herausholt und aufschließt.

Als ich, ohne anzuklopfen, in Ellis Zimmer hineinstürze, hat die sich schon wieder ganz ihrem Essen gewidmet.

„Was war denn, ich habe seit deinem Anruf ohne Pause aus dem Fenster gestarrt, aber außer dem langweiligen Nachbarn im Haus gegenüber, der gerade vom Einkaufen wiederkam, hat sich kein Blatt geregt.“

„Ja, aber hast du nicht gesehen, *wer* der Nachbar ist? Wirklich, Elli, hast du keine Augen im Kopf?“

„Ja, dieser Blonde, den sehe ich fast jeden Tag. Was soll denn mit dem sein?“

„Es ist Jude Law! Aber wirklich, Elli, dass du *den* nicht erkannt hast!“

Wir verbringen den ganzen Abend damit, hinter der Gardine in meinem Zimmer zu liegen und das Haus gegenüber zu beobachten.

„Mein Gott, wenn uns jemand sehen könnte“, sage ich, während ich die Vorhänge ein bisschen weiter zuziehe.

„Wir könnten immer behaupten, wir würden uns die Dekoration gegenüber angucken. Und nun mal ehrlich, wer würde nicht am Fenster liegen, wenn Jude Law im Haus gegenüber wäre.“

„Meinst du, wir können damit Geld machen, wenn wir Paparazzi Ausblick direkt auf sein Haus gewährten?"

Ich finde Ellis Idee nicht schlecht, aber mein Zimmer ist auch ohne einen Haufen gelangweilter Fotografen schon klein genug. Außerdem hält sich unser Jude sehr bedeckt, und die Momente, wo wir auch nur einen Schatten im Haus gegenüber erspähen, kommen höchst unregelmäßig.

Irgendwann beschließen wir, dass wir Jude Law eigentlich gar nicht mögen, er ziemlich hässlich ist und wir von nun an ganz blasé sein werden, liefe er uns denn dann doch noch mal über den Weg.

„Das ist übrigens schon die zweite *Celebrity*, die ich heute gesehen habe", fällt Elli plötzlich ein. „Vorhin lief David Bowie die Straße runter. Und das ist die Wahrheit." Und dann läuft sie in ihr Zimmer und holt ein kleines abgegriffenes Buch heraus und öffnet es.

„Lach jetzt bitte nicht. Und erzähl es keinem weiter."

„Was ist denn das?"

Sie zeigt mir die erste Seite. *„Celeb Spotting"* steht da in eleganter Schrift.

„So wie Trainspotting?" Ich denke an langweilige Männer in abgeschabten Jacketts, die tagaus, tagein an Bahnhöfen herumlungern und Zugnummern notieren.

„Sozusagen. In meinem Buchladen ist es immer so langweilig, dass wir angefangen haben aufzuschreiben, welche Promis bei uns reingekommen sind und etwas gekauft haben."

„Aha." Ich schlage eine Seite auf.

„11. März: Mr Papadopolous. Buch: Chinesisches Essen."

„Entschuldige, aber wer um alles in der Welt ist Mr Papadopolous?"

„Das ist natürlich der Waschsalonbesitzer aus *Eastenders*." Elli schaut mich ob meiner Ignoranz entsetzt an. *Eastenders* ist die englische Variante der „Lindenstraße" und Elli ein großer Fan.

Ich lese weiter.

„22. Januar: Graham Coxon von der Band ‚Blur‘. Buch: Straßenatlas.

9. April: Suggs von ‚Madness‘. Buch: Das unterirdische London.

14. April: Kate Winslet. Buch: Shakespeares Hamlet.

28. Juni: Mr Bean.“

„Mr Bean war zu Besuch? Welches Buch hat er gekauft?“

„Gar keins. Er hatte sich verlaufen.“

„Weißt du was Elli, du solltest für die Klatschkolumne in der Sun arbeiten. Dann müsstest du den ganzen Tag nur in einem Café sitzen und Ausschau nach irgendwelchen Stars halten.“

„Ich weiß, wäre das nicht herrlich?“

Als wir kurz darauf aus dem Fenster schauen und eine Person, die verdächtig nach Madonna aussieht, vorbeijoggen sehen, befinden wir, dass wir wohl mittlerweile ein paar Gläser zu viel getrunken haben und es Zeit zum Schlafengehen ist.

„Hast du diese ganzen Leute wirklich gesehen? Oder sahen die nur so aus?“

„Nein, nein, das waren schon die Originale.“

Ich beschließe, mir auch so ein Buch anzulegen. Eine Eintragung kann ich ja schon machen.

„Mal sehen, wer in den nächsten sechs Monaten die meisten Promis sehen wird, du oder ich?“

„Kommt auf den Berühmtheitsgrad an. Michael Jackson werden wir vielleicht nicht sehen, aber jeder zweite Mensch in London tut schließlich so, als sei er Popstar, Schriftsteller oder Maler.“

„O. k., also für eine Möchtegern-Berühmtheit gibt es einen Punkt, richtig berühmt zwei Punkte und extrem berühmt, also papstmäßig, drei.“

„Abgemacht. Und der Gewinner bekommt?“

„Ein Abendessen im *Ivy*“, schlägt Elli vor. „Dann können wir uns mal selber wie Berühmtheiten vorkommen.“

Damit bin ich einverstanden. Aber dann fällt mir ein, dass ich mir bei den Preisen im *Ivy*, einem der besten und teuersten

Restaurants Londons, wohl ein paar Tipps bei professionellen Paparazzi holen muss, um die Wette nicht zu verlieren. Einen Punkt für Jude Law habe ich ja schon einmal.

Ein anderes Ereignis verdrängt die Aufregung um die Celebrities in den folgenden Tagen. In jedem englischen Pub geschieht abends um Viertel vor elf etwas, was sonst nirgends auf der Welt passiert, es ist etwas, was einen Engländer erst zum Engländer macht. Egal, wie viel er schon getrunken oder gegessen hat: Um Punkt Viertel vor elf bestellt jeder Engländer, der was auf sich hält, noch mindestens ein Pint. Denn das war es dann für den Abend und man bekommt nirgendwo mehr einen Schluck Alkohol. Und das nur, weil die englische Regierung während des Krieges gegen die Trunkenheit der Soldaten vorgehen wollte.

Doch all dies soll nun anders werden, denn ab dem 25. November kann man nun auch in England bis ein Uhr nachts in der Kneipe sitzen, nein, sogar bis drei, vier oder fünf Uhr. Denn jeder kleine Pub kann nun, hat er sich rechtzeitig um eine Lizenz gekümmert, rund um die Uhr öffnen.

Den Boulevard-Blättern gefällt das gar nicht. In der Woche, bevor die Gesetzesänderung in Kraft tritt, könnte man denken, das Ende der zivilisierten Welt sei gekommen: „Sodom und Gommorha naht!", „Das Königreich verfällt endgültig dem Suff!" Solche und ähnliche Schlagzeilen wechseln sich ab mit den neusten erschreckenden Statistiken zum *Binge Drinking*. „Jugendliche fangen immer früher mit dem *Binge Drinking* an!", „Einer von vier Erwachsenen ist schon ein *Binge-Drinker*!"

Den Begriff *Binge Drinking*, was auf gut Deutsch so viel wie „möglichst viel in möglichst kurzer Zeit trinken" bedeutet, gibt es ausschließlich in der englischen Sprache. Denn obwohl Deutsche, Franzosen, Tschechen, ja selbst Luxemburger mehr trinken als die Engländer (die Briten erreichen auf der Alkoholkonsum-Rangliste nur einen schwachen 17. Platz), lassen sich alle diese Nationen ihr Glas Bier oder Wein in aller Ruhe schmecken. Während die Engländer eben dank der bisherigen Gesetze ihre tägliche Menge innerhalb kürzester Zeit runterschütten und dann dementsprechend betrunken werden.

Und so erhofft sich nun die Regierung, dass durch die Aufhebung der Elf-Uhr-Regelung auch das *Binge Drinking* zurückgehen wird, während konservative Blätter wie die Sun oder der Daily Express überzeugt sind, das englische Volk sei genetisch dazu verurteilt, viel auf einmal zu trinken – und dies nun halt rund um die Uhr tun werde.

Am Abend des 25. Novembers ist also das ganze Land sehr gespannt auf den Ausgang des heutigen Abends. Steht uns der Verfall der Nation bevor oder die magische Bekehrung der *Binge-Drinkers* in zivilisierte Kontinental-Trinker?

Elli, Felice und ich sitzen seit neun Uhr abends erwartungsvoll im *Pembroke Castle* um die Ecke und verfolgen die Geschehnisse. Fast vergessen wir vor lauter Aufregung, auch nur eine Runde zu bestellen, schließlich wird hier Geschichte geschrieben. Natürlich gibt es nur ein Gesprächsthema: Wir können uns heute Zeit lassen mit dem Trinken.

Doch je näher der magische Elf-Uhr-Schlag rückt, desto angespannter werden wir. Es ist zwanzig vor elf, unsere Gläser sind nur halbvoll, und normalerweise bleiben uns nur noch wenige Minuten, um ein letztes Pint zu bestellen. Felice und ich lassen uns nichts anmerken, doch Elli ist ein Beweis dafür, dass den Engländern bei der Geburt ein innerer Wecker mitgegeben wird, der sie um diese Zeit gewaltsam aufrüttelt.

„Ich bestelle noch eine Runde, ob es elf ist oder nicht."

Felice spöttelt: „Danke, für mich erst mal nicht. Wie lange wird es wohl dauern, bis du deine *11 o'clock-paranoia* loswirst?"

Ich schließe mich dem an, und so schiebt sich Elli für ein einziges Pint langsam in Richtung Bar – denn auch die anderen Anwesenden halten es mit ihren alten Gewohnheiten und bestellen noch schnell ein letztes Bier.

„Inglesi, eh!" Felice schüttelt den Kopf. „Sie lieben ihre Rituale."

Doch dann passiert das Unerhörte und der Barmann klingelt plötzlich mit seiner Schelle.

„Last orders, please!“

Felice und ich schauen uns verdutzt an: „Was ist denn jetzt schiefgegangen?“

Jetzt lacht Elli, die sich mittlerweile mit ihrem vollen Glas wieder zu uns gesetzt hat. „Ich habe dem Ganzen ja nie getraut. Das wäre einfach zu schön, um wahr zu sein, einfach so bis Mitternacht weitertrinken zu können.“

Als der Kellner das nächste Mal an unserem Tisch vorbeikommt, fragt ihn Felice aufgebracht, ob er denn von der neuen Gesetzgebung nichts mitbekommen habe.

„Doch, natürlich, aber die neue Lizenz ist teuer, und ich möchte schließlich auch nicht die ganze Nacht arbeiten.“

Dagegen kann man nichts sagen, und beim zweiten Klingeln und der Aufforderung, unsere Gläser jetzt aber bitte zügigst leerzutrinken, stehen wir schon auf der Türschwelle. Insgeheim bin ich froh, denn zwar werden weiterhin Betrunkene an meinem Fenster vorbeitorkeln, aber nicht die ganze Nacht.

Dezember

„Endlich haben wir *Süd*england hinter uns!“, grinst Elli, als wir die Umgehungsstraße um London herum hinter uns gelassen haben.

„Ist das nicht ein bisschen voreilig? Wir sind ja gerade mal fünf Meilen außerhalb Londons“, räume ich ein.

„Der Norden fängt hier an.“

Zu zweit sitzen wir eingequetscht in einem Meer von Geschenken in meinem Mini und bewegen uns im Zeitlupentempo vorwärts. Ganz London scheint sich entschlossen zu haben, die Weihnachtstage fernab von der Hauptstadt zu feiern, und so haben auch wir entschieden, die Ferien bei Ellis Mutter in Manchester zu verbringen.

„Wenn du England so richtig kennenlernen willst, musst du auch mal ein Weihnachtsfest hier verbringen“, meint Elli, und natürlich hat sie Recht.

Ich bin gespannt, was mich in Nordengland erwartet. Alle Kollegen, denen ich von meinen Weihnachtsplänen erzählte, reagierten ähnlich:

„Pass gut auf deine Handtasche auf, alles voll von Gaunern da oben im Norden!“

„Kauf dir lieber vorher einen Regenschirm in *Extra Large*!“

Die meisten aber hatten sich kurz gefasst:

„Du fährst nach Manchester? *Why*?!“

So wie wir zum Beispiel die Spaltung in Ost und West haben, die Belgier den Dauerkonflikt zwischen Wallonen und Flamen und die Norditaliener verächtlich auf ihre südlichen Landsleute herabschauen, ist auch England ein Land zweier Bevölkerungsgruppen: den eleganten, gebildeten Südengländern und den rohen, grobschlächtigen Nordengländern.

So jedenfalls sehen es die Südengländer, für die der wilde Norden eine halbe Stunde nördlich von London beginnt und außer Regen, unzähligen Schafen und wilden Mooren nicht viel zu bieten hat.

Und so ist auch mein erster Eindruck, als wir nach fast fünfstündiger Fahrt erschöpft an unserem Ziel eintreffen: Schön hässlich habt ihr's hier. Mit der Betonung allerdings auf schön. Wir fahren an endlosen Reihen von ziegelroten *„two up, two downs"* (zwei Zimmer oben, zwei unten) vorbei, den alten Arbeiterhäuschen, die das Gesicht der Stadt prägen. In der Abendsonne leuchtet die ganze Stadt rötlich, und die alten Fabrikgebäude mit ihren dünnen, hohen Schornsteinen, zum Teil verfallen, zum Teil aber auch in moderne Wohnkomplexe umgebaut, sorgen für eine eindrucksvolle Kulisse. Ich schaue mich beeindruckt um, während Elli pausenlos weiterredet, ohne der Umgebung viel Aufmerksamkeit zu schenken.

„Weißt du, was mir vorgestern bei der Arbeit passiert ist?", fragt sie, während ich über die hohen, kahlen Berge am Horizont staune, die einen fast glauben machen, man wäre auf dem Mond gelandet.

„Also, ich stehe gelangweilt an der Kasse, gegen zwei Uhr nachmittags, es ist ganz ausgestorben im Laden, da fragt mich diese blonde Frau um die fünfzig mit einem ganz starken amerikanischen Akzent, wo unsere Londonführer stehen. Ich zeige es ihr, und ein paar Minuten später kommt sie in Begleitung von zwei kräftig gebauten Männern zurück, um für das Buch, das sie ausgesucht hat, zu bezahlen."

„Irgendein Hollywoodstar? Zusammen mit ihren Bodyguards?", unterbreche ich sie.

„Nein, warte ab. Sie kommt mir schon bekannt vor, und ich merke, wie auch andere Leute sie komisch anstarren. Aber nie hätte ich gedacht –", sie legt eine strategische Pause ein, und ich verliere die Geduld.

„Also, wer war es? Sharon Stone? Michelle Pfeiffer?"

„Warte doch. Erst dann bemerke ich, dass vor dem Laden

ein Kamerateam steht und auf sie wartet. Als sie mir also ihre Kreditkarte gibt, schaue ich natürlich auf den Namen, und rat mal, was da steht?"

„Was?"

„Hillary Clinton, die Frau von Bill!"

„Bist du dir sicher?" Aber dann fällt mir ein, dass gestern in den Nachrichten erwähnt wurde, dass sie tatsächlich diese Woche in London ein paar Vorträge hält. Zwei Punkte für Elli also in ihrem Celeb-Spotting-Buch! Langsam muss ich mich beeilen, wenn ich die Wette nicht haushoch verlieren will.

„Drei", schimpft Elli erbost, „viel berühmter als die Frau des Präsidenten von Amerika geht es ja wohl nicht!"

„O. k., zweieinhalb. Drei Punkte gibt es nur für –", ich überlege, „Tony Blair, die Queen, den Papst und ... Morrissey." Morrissey ist natürlich der berühmte englische Sänger, den sowohl Elli als auch ich seit frühester Jugend anbeten.

„Ich habe gelesen, Morrissey wohnt irgendwo in Nordlondon, also wer weiß, ob er uns nicht noch mal über den Weg läuft!"

„Ich hoffe nicht. Stell dir vor, er wäre unsympathisch oder, noch schlimmer, er würde uns einfach ignorieren. Das wäre eine Katastrophe."

„Warte es ab. Ich habe so ein Gefühl, dass wir ihn noch mal sehen."

Und ihre Intuition hat sie noch nie im Stich gelassen, behauptet Elli.

Kurz nach Einbruch der Dämmerung stehen wir endlich vor Ellis altem Zuhause und Ellis Mutter öffnet die mit Mistelzweigen geschmückte Tür.

Eileen sieht aus wie eine typische Working-Class-Hausfrau: klein und pummelig, in pinkfarbenem Jogginganzug, mit Haarwicklern so groß wie Teigrollen in ihren platinblondgefärbten Locken. Hinter ihr erscheinen die Köpfe von Rachel, Ellis älterer Schwester, und deren Mann Dave.

„Hello, lovely to meet you."

Eileen umarmt mich oder versucht es zumindest, wobei ihre Arme kaum an meinen Hals ranreichen. In Eileens Welt, so stelle ich bald fest, ist fast alles „*lovely*", ganz besonders Dave, der seit dem Tod ihres Mannes das einzige männliche Mitglied der engeren Familie ist, und somit von ihr bis zum Umfallen verwöhnt wird.

„Komm, Dave, ich mach den Fernseher an, Manchester United spielt doch gleich."

„Aber Eileen, du weißt doch, dass ich mir aus Fußball nichts mache."

„Ach, erzähl mir doch nichts, du kannst doch deiner alten Schwiegermutter nichts vormachen."

Sie schlägt ihm liebevoll auf die Oberschenkel.

„*Lovely*, ist er nicht einfach *lovely*? Wenn ich dreißig Jahre jünger wäre, hätte ich ihn mir selber geschnappt!"

Dave lächelt genervt und guckt sich dann brav das Fußballspiel an, um es sich mit seiner Schwiegermutter nicht zu verderben.

Währenddessen trinken wir eine Tasse milchigen Tees nach der anderen und bestaunen die üppige Weihnachtsdekoration: Eileen hat es nicht nur geschafft, mich im Sammeln von Weihnachtskarten zu übertreffen, sie hat sie auch auf einen stattlichen Kunststoffkamin drapiert, und darüber hinaus die Decke und sämtliche Wände zentimeterdick mit roten Girlanden und goldenem Lametta ausgeschmückt.

„Was haltet ihr von meinem Weihnachtsbaum? Alle Nachbarn sind ganz neidisch!" Eileen zeigt in die Ecke des Zimmers, und ich erblicke mit Staunen ein Plastikgestell mit schwarzgesprühten Kunststoffnadeln.

„Ein *schwarzer* Baum, Mum?", fragt Elli zweifelnd.

„Das ist gerade ganz *in*. Aber bis zu euch da im Süden ist das wahrscheinlich noch nicht durchgedrungen."

Elli schaut mich schulterzuckend an, als wolle sie sich für den schlechten Geschmack ihrer Mutter entschuldigen.

Das Kochen des Weihnachtsessens für den kommenden Tag fängt schon am Heiligabend mit dem Stopfen des Truthahnes an. Der ist so groß, dass Eileens Kopf fast gänzlich im Innern des Vogels verschwindet, während sie ihn mit einer Mischung aus Zwiebeln, zerhackten Würstchen und Salbei auffüllt.

„Ach, da habe ich dieses Jahr doch wirklich ein tolles Exemplar ausgesucht“, klingt ihre Stimme dumpf aus dem Inneren des Vogels hervor.

Dann taucht sie wieder auf und zu dritt versuchen wir, den Vogel in den Kühlschrank zu befördern, der allerdings schon hoffnungslos mit anderen Speisen für den morgigen Tag überfüllt ist. Unzählige Schalen mit verschiedenen Soßen stapeln sich neben Würstchen, Speck, den verschiedensten Gemüsen und dem obligatorischen Christmaspudding, der zum englischen Weihnachtsfest einfach dazugehört.

„Tja, was machen wir denn nun?“

Elli ist sichtlich genervt. „Mum, jedes Jahr ist es dasselbe – du kaufst einen viel zu großen Truthahn, an dem wir dann wochenlang essen müssen, bis es einem echt zum Hals raushängt.“

„Ach, du kannst gut reden, wenn es nach dir ginge, gäbe es selbst Weihnachten Fish und Chips. Oder Bohnen und Chips und was auch immer du gerade noch im Schrank findest.“

Bevor das Wortgefecht in einem völligen Familienzerwürfnis endet, schlage ich vor, einige der 2-Kilo-Tüten Blumenkohl aus dem Kühlschrank zu räumen, und irgendwann lässt sich das Untier von Vogel dann tatsächlich so zwischen die vielen Behälter und Schalen quetschen, dass wir die Tür mit Mühe und Not schließen können.

Elli und ich fallen erschöpft auf die Küchenstühle.

„Ach, jetzt hab ich doch glatt das Guinness vergessen, das ich extra für Dave gekauft habe.“

Natürlich stellt sich heraus, dass die kleine Guinness-Flasche sich direkt hinter dem Turkey befindet, was für Eileen jedoch kein Grund ist, von ihrem Vorhaben abzulassen. Also muss der Vogel wieder herausgehievt werden und die Arbeit geht von vorne los.

Eine Stunde später finden wir uns alle völlig erschöpft im Pub um die Ecke wieder, wo sich ganz Manchester zu Heiligabend versammelt zu haben scheint. Heiligabend ist in England ein Tag wie jeder andere, aber die Aussicht, die nächsten zwei Tage ohne Pause mit Verwandten verbringen zu müssen, um die man das Jahr über einen großen Bogen gemacht hat, ist für viele Grund genug, sich ordentlich zu betrinken.

Die letzten Sitzplätze sind bereits Stunden zuvor vergeben worden, und bei unserer Ankunft ist es schon schwierig, noch einen Stehplatz zu bekommen.

„Sich bis an die Bar vorzuarbeiten und ein Getränk zu bestellen, ist schwieriger als während der Rush Hour in die U-Bahn reinzukommen", bemerkt Rachel.

Der Pub ist wohl die einzige Institution in England, wo das sonst mit größter Hingabe praktizierte Schlangestehen nicht beachtet wird, wenn auch die Barleute mit für mich unerklärlicher Treffsicherheit doch immer genau wissen, wer an der Reihe ist.

Eileen besteht darauf, die erste Runde zu bezahlen, und schafft das Unmögliche: Innerhalb von Minuten hat sie sich unter den Armen und Biergläsern der anderen durchgeschoben und reicht dem Barmann schon das Geld.

„Wir sind *Regulars* hier. Das hier ist unser *Local*, wo Dad früher jeden Abend ein Bier getrunken hat, also werden wir mit Vorrang bedient", erklärt Elli.

Ich bin sehr froh darüber, denn ohne dieses Privileg müssten wir sicherlich noch eine Stunde länger auf unser Bier warten.

Außer mit dem Schlangestehen bricht der Pub auch noch mit einer anderen englischen Verhaltensregel: Er ist der einzige Ort, wo man mit Fremden ins Gespräch kommen kann, ohne sofort für verrückt befunden zu werden. Und so mache ich auf dem Weg zur Toilette gleich drei neue Bekanntschaften: mit einer älteren Frau, die mir Fotos von ihren Enkelkindern zeigte, mit Susan aus Schottland, deren Hund mit in den Pub gekommen war und jetzt in Gefahr schwebt, aus Versehen zertrampelt zu werden, und einem Amerikaner, der mir von der Geschichte Manchesters vorschwärmt: „Sind sie nicht toll, die alten Fabrikgebäude hier? Hier hat es alles angefangen, hier im Nordwesten Englands: Industrielle Revolution, Kapitalismus, Popmusik, alles. Eines Tages wird diese Stadt als genauso wichtig angesehen werden wie Athen oder Rom."

Ein bisschen übertrieben finde ich seine Begeisterung schon, aber in der allgemein heiteren Stimmung stimme ich ihm zu und erzähle ihm, ich würde gern mehr über die Geschichte Manchesters erfahren. Und drehe mich dann schnell um und geselle mich wieder Ellis Verwandtschaft zu.

Dave hat bereits eine neue Runde bestellt, und Eileen ist mittlerweile so beschwipst, dass sie versucht, den Barmann zu sich nach Hause einzuladen. Zum Glück erklingt bald die Elf-Uhr-Klingel und wir machen uns auf den Heimweg.

Am Weihnachtsmorgen werden wir um neun Uhr morgens unwirsch von einem Donnertrommeln an der Haustür aufgeweckt.

„Eileen, wir sind's, Maud und Dave, tut nicht so, als wäret ihr nicht zu Hause, so schnell werdet ihr uns nicht wieder los!"

Man hört Eileen stöhnend ihre Pantoffeln anziehen und dann die Treppe hinunterschlurfen.

„Komm ja schon, was kommt ihr aber auch zu einer so unchristlich frühen Stunde! Selbst Weihnachten darf man nicht ausschlafen!"

Aus dem Flur erschallt lautes Lachen. Eileens Schwester und ihr walisischer Mann sind jetzt also auch eingetroffen.

„Wer kommt denn noch so alles?", frage ich Elli.

„Meine Großeltern, und das war's schon. Mit den weniger wichtigen Verwandten trifft man sich erst am *Boxing Day.*"

„Boxing Day?"

„Morgen, der zweite Weihnachtstag."

Grandpa Arthur und Nanny Jackie treffen dann tatsächlich auch bald ein, und das Haus füllt sich langsam.

Ich werde allen als Ellis Freundin aus Germany vorgestellt, worauf jeder eine Geschichte von einem Cousin, Neffen, Freund, Bekannten oder Kollegen zu erzählen hat, der von der britischen Armee aus mal in Good Old Germany stationiert gewesen ist.

„Sehr sauber soll es bei euch sein, hat mein Nachbar erzählt?", fragt Maud.

„Ja, und was die Technik betrifft, sind die Deutschen immer noch unübertroffen", fügt ihr Mann Dave hinzu, und der andere Dave, Dave zwei, nickt und fängt an, die Vorteile deutscher Autos aufzuzählen. Man gratuliert mir, aus einem Land zu stammen, in dem die Züge rechtzeitig kommen, die Menschen vor ihren Häusern fegen und man so schnell fahren kann, wie man will. Davon sind die beiden Daves ganz besonders beeindruckt.

„Irgendwann werde ich es noch mal nach Deutschland schaffen und eigenständig die Autobahn runterrasen", sagt Susans Mann mit verklärtem Blick.

Mittlerweile haben sich Eileen und ihre Mutter in die Küche begeben und machen sich an die Essensvorbereitung. Das ist für die Männer das Zeichen, die ersten Bierflaschen zu öffnen.

Selbst Grandpa Arthur genehmigt sich einen winzigen Vormittagstrunk und nötigt Elli, Rachel und mich, es ihm nachzumachen.

„Jetzt sitzt da doch nicht rum wie saure Zitronen, schließlich ist nicht jeden Monat Weihnachten, und wer weiß, ob ihr mich nächstes Jahr noch dabeihabt."

Als Gast will ich ihm da nicht widersprechen, aber noch vom Vorabend etwas verkatert, habe ich Zweifel, wie ich den restlichen Tag überstehen soll.

„Trinken die jetzt den ganzen Tag so weiter?", frage ich Elli.

„Nein, nur bis das Weihnachtsessen überstanden ist."

Langsam fange ich an, mir Sorgen zu machen, was bei diesem mysteriösen englischen Weihnachtsessen denn passieren wird, dass es eine solche Vorbereitung erfordert.

„Ich wette, nächstes Jahr fährst du lieber wieder über Weihnachten nach Hause, was?", lacht Rachel.

Die Männer haben den Fernseher angestellt, und wir gucken alle hingebungsvoll das *Eastenders-Christmas-Special. Eastenders* ähnelt der deutschen Lindenstraße, nur spielt die Serie in einer rauen Arbeitersiedlung im Londoner East End, und jede zweite Figur ist Drogenhändler oder hat andere Verbindungen zur Unterwelt.

„Na, wer denn wohl heute beim Weihnachtsessen aus dem Hinterhalt erschossen werden wird?", fragt Dave eins, worauf eine lange Diskussion folgt, wer in welchem Magazin schon vor Wochen gelesen habe, mit welcher Person es heute zu Ende gehen wird.

Irgendwann ruft Eileen aus der Küche: *„I can't believe it,* da sitzen sie alle und streiten sich, wer als Nächster ins Jenseits befördert werden wird, während wir uns hier mit dem Truthahn rumschlagen! Kann denn nicht mal jemand helfen?"

Ich springe sofort mit schlechtem Gewissen auf, während die anderen so tun, als hätten sie nichts gehört, und konzentriert den Fernseher anstarren.

Der Truthahn brutzelt schon lange im Ofen vor sich hin, während Eileen und Jaquie am Gemüseschneiden sind. Überall um sie herum stapeln sich Töpfe und noch mehr Töpfe gefüllt mit allen möglichen Leckereien.

„Wann habt ihr denn mit dem Kochen angefangen, das sind ja ganze Unmengen an Essen hier?!", frage ich.

„Vor drei Monaten", antwortet Eileen, und man sieht ihr an, dass dies der Wahrheit entspricht.

Mir wird die Aufsicht über den Blumenkohl und die Steckrüben zugeteilt, von denen sich ein ganzes Feld in der Küche angesammelt zu haben scheint. Kohl und Rüben sind neben dem Truthahn der Hauptbestandteil des englischen Weihnachtsmahles, so dass eine große Bürde auf mir liegt. Wenn meine Zubereitung schiefgehen sollte, wird es wahrscheinlich ähnlich wie bei *Eastenders* bald einen Mord am Tisch geben.

Nun, viel kann man ja beim Kohl- und Rübenkochen nicht falsch machen, denke ich mir, und so stecke ich die geschnittenen und mit Öl beträufelten Rüben zum Truthahn in den Ofen, während der Blumenkohl nach zehn Minuten Kochzeit schon gar ist. Ich stelle den Herd ab und will gerade den Kohl in ein Sieb gießen, als Jackie mich brüsk zurückschiebt.

„Was machst du denn da? Was ist los mit dem Kohl?"

„Er ist gar. So gar, dass er fast zerfällt."

„Nichts da, das kann doch nicht sein."

Sie tut sich einen Rosenkohl auf eine Gabel und schiebt ihn sich in den Mund.

„Ach was, der ist ja noch halb roh, das kann unsereiner ja gar nicht verdauen."

Also wird alles wieder in den Topf zurückverfrachtet und köchelt weiter vor sich hin.

Ich sehe zu, wie alles zerfällt und weiter und weiter zerfällt, bis von dem Kohl nur noch ein dicklicher, grüner Brei übrigbleibt.

„Darf ich ihn jetzt ausgießen?"

„Nein, nein, ein paar Minuten braucht der noch."

Irgendwann ist dann aber tatsächlich doch alles fertig, und es wird zu Tisch gebeten.

Während wir als Vorspeise Lachs essen, wundere ich mich, was es mit den kleinen Paketen auf sich hat, die überall auf dem Tisch herumliegen. Ich nehme eines prüfend in die Hand und gucke es mir näher an. Es sieht aus wie ein in Geschenkpapier eingepacktes Röhrchen, das an beiden Enden wie ein Bonbon zugeschnürt ist. Vielleicht ist es die Nachspeise. Ich fahre auf, als Jackie plötzlich zupackt und mir das Röhrchen aus der Hand zu reißen versucht.

Ich bin schockiert. Erst habe ich fast den Blumenkohl ruiniert, jetzt habe ich offensichtlich gegen eine mir unbekannte Etikette verstoßen, indem ich es gewagt habe, diese merkwürdigen Riesenbonbons zu berühren. Was hat die alte Frau nur gegen mich?

Dann plötzlich ein riesiger Knall. Ich schreie auf, und irgendetwas saust durch die Luft. Fast stoße ich vor Schreck den Truthahn vom Tisch, aber Rachel fängt ihn gerade noch auf.

„Yes, time for *crackers*!“, rufen die beiden Daves unisono.

„Crackers?“

„Knallbonbons! Sag nicht, du hast noch nie einen *Cracker* gesehen!“

Jetzt fangen auch die anderen an, jeweils zu zweit an den *Crackers* herumzuziehen, bis sie mit einem lauten Knall zerplatzen und dann ein kleines Papier, eine Plastikfigur und buntes Krepppapier herausfliegen.

Bei dem Krepppapier handelt es sich um bunte Kronen, die sich alle reihum aufsetzen.

„Anna hat noch keine Krone, komm, hier ist noch ein *Cracker*.“

Ich lasse also auch noch einen krachen, und Elli setzt mir die rosarote Krone auf, die sich darin befindet. Mit unseren lächerlichen Papierhütchen, bis auf Eileen und Jackie alle schon leicht angetrunken, bilden wir eine merkwürdige Tischgesellschaft.

Die nächste halbe Stunde verbringen wir damit, unsere Überraschungsei-ähnlichen Plastikfiguren zu vergleichen und die Witze vorzulesen, die sich in den *Crackers* befanden.

„Was isst ein Schneemann zum Frühstück? Schneeflocken!“, Grandpa brüllt vor Lachen, während seine Frau die Sektgläser in immer kürzeren Abständen nachfüllt.

Als schließlich der Truthahn aufgetragen wird, kann ich mein Messer kaum noch gerade halten, und es macht mir gar nichts mehr aus, dass der Blumenkohl für zehn Minuten oder zehn Stunden gekocht worden ist. Es schmeckt alles herrlich. Selbst die Preiselbeersoße auf dem Fleisch.

Wir essen und essen, während dem einen oder anderen die Kreppkrone langsam in die Augen rutscht.

Dann, als ich gerade denke, es gehe nun wirklich nichts mehr rein, erscheint Eileen mit dem Weihnachtspudding. Der

Name Pudding ist irreführend, denn es handelt sich um sättigenden Kuchen voll mit Nüssen, Früchten und Rosinen, der mit Sherry flambiert und dann mit einer Brandy-und-Sahne-Soße serviert wird. Was alles sehr lecker ist, wenn man nicht kurz vorher einen halben Truthahn und zehn Steckrüben gegessen hat.

Glücklicherweise wird es in England als höflich angesehen, den Teller nicht ganz leerzuessen, denn wer selbst den letzten Krümel aufputzt, ist entweder unverschämt gierig oder zu arm, sich sonst viel Nahrung leisten zu können.

Es fällt also nicht übermäßig auf, dass ich nur einen Löffel esse und dann auf meinen arg überfüllten Magen Rücksicht nehme.

Und dann ist es schon Zeit für die Bescherung. In England kennt man weder das Christkind noch den Nikolaus, sondern die Geschenke werden von Father Christmas gebracht, einem alten Mann mit Rauschebart und sehr schlechtem Zeitgefühl, denn die Geschenke werden oft schon Wochen vor dem Fest gleich nach ihrem Kauf unter den Weihnachtsbaum gelegt. Wie man da den Kindern noch weismachen soll, dass es tatsächlich der Weihnachtsmann war, der sie angeblich durch den Kamin hereingebracht hat, ist mir ein Rätsel.

Neben den obligatorischen Socken bekomme ich gleich zwei Flaschen Parfum mit Veilchenduft, so dass ich von nun an auch ganz authentisch englisch riechen werde.

„Ah", sagt Grandpa dann, nachdem er sich eine seiner neu erstandenen Zigarren angezündet hat, „es ist fast Zeit."

Zeit wofür? Selbst nach fast sechs Monaten in England sprachen die Einheimischen für mich oft noch in Rätseln.

Wie auf ein geheimes Kommando hin erhebt sich einer nach dem anderen und bewegt sich wie unter Hypnose zum Sofa. Dann wird der Fernseher angemacht. Es ist kurz vor drei. Vielleicht folgt eine weitere *Eastenders*-Episode?

Aber nein: Die Queen hält ihre jährliche Ansprache!

Nanny, Grandpa und Eileen starren gespannt den Bildschirm

an, die anderen gähnen gelangweilt, während Elli demonstrativ ein Magazin in die Hand nimmt und darin liest.

„Und nun unsere Royal Highness, Queen Elizabeth II", kündigt der Nachrichtensprecher mit festlicher Stimme an.

„Habt ihr schon gehört, mit wem Robbie Williams seit neustem ..."

„Jetzt halt doch mal den Mund", fährt ihre Mutter sie an.

„Jedes Jahr das Gleiche", stöhnt Elli, als nach ein paar Minuten alles vorbei ist.

„Das war ja noch deprimierender als sonst", fügt Rachel hinzu.

Ihre Oma andererseits ist fast zu Tränen gerührt. „Kein Wunder nach all den Unglücken, die wir im letzten Jahr hatten. Aber wie schön sie das doch ausgedrückt hat."

Die beiden Daves rollen mit den Augen, während Grandpa seine kaum noch offen halten kann.

„Aber dass sie Charles' und Camillas Heirat nicht mal ...", fällt Elli ihrer Mutter ins Wort.

„Wen interessiert schon, ob die beiden geheiratet haben oder nicht, meinst du nicht, es ist wichtiger, die Hunderttausende von Tsunami-Opfern zu erwähnen?"

„Ach, jetzt spiel dich nicht als große Wohltäterin auf, sie hätte es doch nur in ein paar Worten einfügen können."

Innerhalb von Minuten weitet sich die Diskussion in einen Streit aus und Eileen rennt mit Tränen in den Augen aus dem Zimmer und fängt an, in der Küche polternd herumzuhantieren.

Na, das ist ja ganz wie bei uns, denke ich mir und freue mich insgeheim.

Grandpa unterdessen hat von dem Ganzen nichts mitbekommen, denn er ist mittlerweile im Tiefschlaf versunken und seine Frau nahe dran, ihm zu folgen. Es ist gerade mal halb vier.

Maud und Dave verabschieden sich bald, während wir anderen vier die alternative Weihnachtsbotschaft, in diesem Jahr von dem Fernsehkoch Jamie Oliver, anschauen. Die alternative

Weihnachtsbotschaft wird extra für Monarchie-Gegner wie Elli ausgestrahlt und jedes Jahr von einer anderen britischen Berühmtheit verkündet.

„Und für das kommende Jahr wünsche ich mir, dass alle britischen Kinder in ihren Schulen täglich gesunde, ausgewogene Mahlzeiten erhalten werden."

„Yeah, yeah, was auch immer", kommentiert Dave und schaltet zum nächsten Kanal um, auf dem „die Alternative zur alternativen Weihnachtsbotschaft" gesendet wird. Allmählich werde auch ich etwas müde.

Um kurz nach neun wache ich wieder auf. Im Fernsehen läuft eine alte Schwarz-Weiß-Schnulze, während die anderen noch vor sich hindämmern.

Jetzt ist Weihnachten fast überstanden. Das heißt: Zuerst heißt es natürlich erst einmal, den zweiten Weihnachtstag, oder besser gesagt Boxing Day, zu überstehen.

Woher das Wort Boxing Day stammt, ist umstritten. Einig sind sich alle nur darüber: Mit Boxveranstaltungen hat es nichts zu tun. Eileen bietet mir folgende Erklärungen zur Auswahl: Boxing Day ist der Tag, an dem man die ganzen Geschenkkartons – eben Boxen –in den Müll wirft, *oder* Angehörige der adligen Oberschicht gaben ihren Bediensteten in grauer Vorzeit an diesem Tag Geschenke in Schachteln *oder* in Kirchen wurden am Fest des heiligen Stefanus traditionell Kästchen für Armenspenden aufgestellt.

Ich selber entwickele die Theorie, dass der Name wahrscheinlich daher stammt, dass man den ganzen Morgen damit verbringt, Truthahnfleisch in Plastikbehälter zu füllen, um es dann einzufrieren. Denn mit unserem Truthahn verhält es sich ähnlich wie mit der wundersamen Vermehrung von Broten und Fischen: Obwohl wir am Vortag alle neun kräftig zugelangt hatten, scheint der Vogel eher noch gewachsen zu sein. Und somit gibt es dann natürlich auch zum Mittagessen noch mehr Truthahn. Truthahn mit Pommes diesmal.

Am Nachmittag besucht Eileen ein paar entfernte Verwandte, die nicht wichtig genug waren, sie am Weihnachtstag zu besuchen, während Elli und ich unterdessen den Zug in die Innenstadt nehmen, wo am Boxing Day der Winterschlussverkauf beginnt.

Ich fühle mich gleich ganz zu Hause in Englands so genannter „zweiter Stadt“: Mit ihrer Mischung aus 70er-Jahre-Architektur und hypermodernen Glasbauten könnte man sich in jeder beliebigen Ruhrgebietsstadt in Deutschland befinden. Wir schieben uns von Geschäft zu Geschäft, während Elli alle ihre Geschenke umtauscht.

Über einer Tasse Glühwein kommen wir auf dem *German Xmas Market* mit einigen jungen *Mancunians*, wie man die Bewohner der Stadt nennt, ins Gespräch.

„Ihr wohnt in London? Ist es da nicht sehr gefährlich?“, fragt ein etwa 20-jähriger Student ehrfurchtsvoll.

„So weit südlich wie London bin ich noch nie gekommen“, fügt sein Freund hinzu. Seine Augen strahlen bei der Erwähnung der Hauptstadt halb bewundernd, halb verachtungsvoll. Ebenso wie die Londoner meist geringschätzig vom Norden ihres Landes sprechen, äußern die beiden sich abfällig über den Süden, doch gebrochen ist dies durch den Traum, es doch auch irgendwann mal in London zu etwas zu bringen. In London zu wohnen ist für sie ein Zeichen, es geschafft zu haben. Elli und ich baden noch eine Weile in dem Gefühl, Menschen von Welt zu sein, und fahren dann wieder nach Hause.

Auch Eileen ist wieder von ihren Besuchen zurückgekehrt.

„Hallo Mum, was hast du denn da in der Tüte?“

Eileen packt einige Plastikbehälter aus. Ich kann es schon fast erraten.

„Ich konnte doch nicht nein sagen, das wäre unhöflich gewesen.“

„Aber Mum, der ganze Kühlschrank und die Gefriertruhe sind schon übervoll von Truthahn, und da bringst du noch mehr mit? Dir ist wirklich nicht zu helfen.“

„Aber dieser ist mit Speck eingeschnürt und schmeckt ganz anders als unserer. Willst du mal probieren?“

Die gleiche Frage stellen wir am nächsten Tag bei unserer Rückkehr nach Primrose Hill Felice, der ganz begeistert ist von seinem verspäteten Weihnachtsgeschenk.

„Ach, dass ihr so viel Essen extra für mich aufgehoben habt! Womit habe ich das verdient? Sag deiner Mama ganz viele Thanks!“

Januar

Der Trafalgar Square ist der Mittelpunkt Londons und Mittelpunkt der Welt. Ersteres besagt eine Plakette auf dem Platz und Letzteres, meint meine Kollegin Maddie, folgt daraufhin logischerweise. Und so machen wir uns also am Silvesterabend auf zum Trafalgar Square, um zur Jahreswende direkt am Zentrum des Weltgeschehens zu sein.

Maddie, Felice und seine zahlreichen sizilianischen Bekannten und ich sitzen also von acht Uhr abends an in einem gemütlichen Pub gleich um die Ecke des Platzes. Oder besser gesagt: Wir stehen in einem gemütlichen Pub, denn schon jetzt ist es überall so voll, dass es unmöglich wäre, einen Tisch zu finden, der groß genug für unsere vielköpfige Gruppe wäre.

„Und was passiert auf dem Trafalgar Square dann am Silvesterabend?", frage ich Maddie. „Gibt es Feuerwerke wie in Deutschland?"

Sie schüttelt den Kopf: „Man steht herum, zählt die Sekunden bis Mitternacht, und feiert ausgelassen."

Ich bin entzückt. Da die Engländer jegliche Aussicht auf eine Party in vollen Zügen auskosten, werden wir mit Sicherheit einen schönen Abend haben.

Von den berühmten Londoner Plätzen wie zum Beispiel Oxford und Piccadilly Circus ist der Trafalgar Square der schönste – unter anderem weil er der einzige ist, der nicht zu einer riesigen Verkehrsinsel degradiert wurde. Seit einigen Jahren kann man ihn nur noch von der Südseite umfahren, die Nordseite gehört ganz den Fußgängern. So hat man von der Nelson's Column jetzt im Norden freien Blick auf die beeindruckende National Gallery und die Kirche St Martin's in the Field.

Als die letzte Stunde des Jahres näherrückt, drängen wir – zusammen mit Tausenden anderer Londoner – zur Mitte des Platzes. Der Uhrzeiger des Glockenturmes von Big Ben, der auf einer großen Leinwand in der Mitte des Platzes zu sehen ist, rutscht immer weiter auf die Zwölf zu und wir machen schnell ein paar Vorsätze für das kommende Jahr.

Und dann ist es endlich so weit: Mein erstes Jahr in London neigt sich dem Ende zu.

„Five, four, three, two, ONE!", schreien Hunderttausende von Menschen wie aus einer Kehle. Die Glocken von Big Ben läuten feierlich, die Menschen liegen sich in den Armen, und ein betrunkener Mann versucht, den zwanzig Meter hohen, vom norwegischen Staat gespendeten Weihnachtsbaum zu erklimmen, doch kommt er über das hohe Podest nicht hinaus. Und auch die drei Jungs, die versuchen, in das kaltblaue Wasser eines der Brunnen zu springen, bleiben erfolglos. Mehrere Polizisten ziehen sie an ihren Jackenärmeln entschlossen fort.

„Happy New Year!", brüllt mir ein braungebrannter Australier ins Ohr und springt dann wie besessen in die Luft. Er hat mit kluger Vorausicht ganze Einkaufstaschen voller Bier mitgebracht, die er jetzt an Umstehende verteilt und somit innerhalb von Minuten unzählige neue Freunde gewinnt. Denn es gibt hier weder Sekt noch sonst irgendwelche Getränke, von Musik oder anderem Programm ganz zu schweigen. Selbst Feuerwerke bekommen wir nur auf den riesigen Leinwänden zu sehen, die die Lichtshow live von der Themse übertragen.

Die Menschenmassen aber amüsieren sich trotzdem gut und alle zusammen singen wir, Arm in Arm, Auld Lang Syne, das traditionelle schottische Silvesterlied zur Melodie von „Nehmt Abschied Brüder", tanzen und freuen uns, als wäre dies tatsächlich die beste Party der Welt. Ein Amerikaner namens Bob Rodeheffer, der nur für zwei Wochen auf Besuch in England ist, ist ganz begeistert und findet alles „total spannend und cool", und wir müssen ihm versprechen, ihn irgendwann einmal in New York zu besuchen.

Als wir uns um zwei Uhr mit wunden Füßen auf den Heimweg machen, winkt uns der Australier hinterher.

„Sehen wir uns morgen hier wieder? Um zwölf, zur Neujahrsparade?"

„Wenn wir dann schon wach sind, auf jeden Fall! *See you then*!"

Maddie erzählt mir, dass zu Neujahr eine riesige Parade von Künstlern, Entertainern und Bands durch die Londoner Innenstadt zieht und alles sehr aufregend sein soll. Aber so früh sei sie zu Neujahr noch nie aus dem Bett gekommen, deshalb müsse sie sich auf Berichte anderer stützen.

Als wir an der U-Bahn-Station ankommen, gibt es noch einen anderen Grund zum Feiern: Die sonst so teure U-Bahn fährt heute Nacht ausnahmsweise umsonst und anders als sonst fast die ganze Nacht hindurch. Unser Zug ist voll von singenden Menschen, die die Heimfahrt zum Weiterfeiern nutzen, ebenso wie von denen, die erst mal zu Ende gefeiert haben: In dem schmalen Korridor zwischen den Sitzreihen vor uns liegt ein junger Mann, der mit offenem Mund vor sich hinschnarcht.

Kurz bevor wir in Chalk Farm einfahren, schreckt er plötzlich auf.

„Wie viele Stationen sind es noch bis Wimbledon?"

„Du fährst in die falsche Richtung, mate. Dieser Zug fährt Richtung Norden", teilt ihm ein anderer Passagier mit.

„Das kann nicht sein. Wie viel Uhr ist es?"

„Halb drei."

„Dann bin ich schon seit fast zwei Stunden in diesem Zug."

Bei dieser Einsicht klappen ihm wieder die Augen zu und er schläft ruhig auf dem Fußboden weiter. Bei seinem nächsten Aufwachen ist er hoffentlich ein bisschen näher an seinem Ziel.

Als ich am nächsten Morgen gegen elf aufwache, werden mir zwei Dinge bewusst: Ich habe gestern Nacht keinen einzigen Pfennig ausgegeben, was für London ein neuer Rekord ist. Und ich werde mir die Neujahrsparade für das kommende Jahr aufheben. Denn jetzt sofort weiterzufeiern, dazu bin ich noch nicht in der Lage.

Am folgenden Abend aber gehe ich wie jeden Dienstag mit Elli, ihrem Kollegen Liam, der im gleichen Buchladen wie sie arbeitet, und dessen Mutter Sharon zum Popquiz in den Engine Room, einen Pub gleich um die Ecke in Camden. Quizabende gibt es in vielen englischen Pubs wöchentlich. Man schließt sich in kleinen Gruppen zusammen und beantwortet über einigen Bieren kniffelige Fragen zu Sport, Allgemeinwissen oder, am liebsten, Popmusik. Denn die Popkultur ist für die Engländer ihr wahrer Halt im Leben: England und Popkultur gehören so eng zusammen wie Wien und Mozart oder Rom und die Antike. Selbst die Namen der englischen Flughäfen deuten darauf hin: Während in Italien Flughäfen nach Künstlern wie zum Beispiel Leonardo da Vinci benannt werden und im eher seriösen Deutschland Politiker geehrt werden – so gibt es in München den Franz-Josef-Strauß-Flughafen oder den Konrad-Adenauer-Flughafen in Köln/Bonn –, wurde der Liverpooler Flughafen vor ein paar Jahren in John Lennon Airport umgetauft und eine Statue des früheren Beatle in der Abflughalle aufgestellt. Und ist in Hollywood angeblich jede zweite Kellnerin Schauspielerin, spielt in London jede Kellnerin in einer Band.

Und so ist es heute Abend wie jeden Dienstag brechend voll, und Jung und Alt zerbrechen sich die Köpfe über solche Fragen wie „Wie heißt das letzte Wort im Refrain von Cliff Richards Hit *Move it* aus dem Jahre 1958?".

Der *Engine Room* sieht aus wie das Wunschschlafzimmer eines jeden Teenagers: Es ist dunkel und eng, die Wände sind von der Decke bis zum Boden mit Musikpostern vollgekleistert und auf den alten Holztischen tropft von den in Weinflaschen steckenden Kerzen langsam das Wachs herunter. Zu Beginn des Abends geht Quizmaster Ian durch die Tischreihen, sammelt ein Pfund Teilnahmegebühr ein und notiert die Gruppennamen der Quizteilnehmer. Wir sind die *Primrose Hillbillies*.

Pünktlich um halb acht wird die Hintergrundsmusik abgestellt, das Mikrofon des Quizmasters rauscht und knackst, und dann begrüßt er uns und stellt den heutigen Preis vor: ein Freigetränk für jedes Mitglied der zweitplatzierten Gruppe und fünfzig Pfund für die Sieger. Aber mehr als um die Preise geht es um unsere Ehre.

„And now the best of luck to all of you!"

„Wir *müssen* es doch einmal schaffen, nicht Letzte zu werden", sagt Elli entschlossen. Eigentlich bringen wir die besten Voraussetzungen mit: Ich bin 80er-Jahre-Experte, Liam kennt sich bestens mit Hiphop und Dance aus, seine Mutter kennt jede Zeile aller Lieder, die jemals in den 1960ern geschrieben wurden, und Elli ist großer Punk- und Glam-Rock-Fan. Wir müssten also ohne Probleme gewinnen, doch die anderen Quizteilnehmer sind uns trotz allem immer noch um einiges Wissen voraus.

„Wie hieß die Single der Spice Girls, die sich am schlechtesten verkaufte, und wie viele Exemplare wurden verkauft? Ein Punkt für jede Antwort", ist die erste Frage am heutigen Abend.

Wir schauen uns verzweifelt an. Die Gruppe neben uns, bestehend aus einer alten Frau, deren grauen Haare einen leichten Blauton aufweisen, ihrem noch älteren Mann und zwei Mädchen um die achtzehn waren in der vorigen Woche die Sieger. Bevor der Quizmaster auch nur die Frage zu Ende gelesen hat, hat die alte Frau schon begonnen zu schreiben. Sie flüstert lächelnd mit ihrem Mann und ich versuche verzweifelt, die Antworten von ihren Lippen zu lesen, doch sobald sie meinen Blick sieht, verstummt sie schnell und schaut in die andere Richtung.

„Liam?" Seine Mutter schaut ihn fragend an, doch er schüttelt frustriert mit dem Kopf.

„Keine Ahnung. Mit den Spice Girls kenne ich mich nun wirklich nicht aus."

Von mir und Elli gar nicht zu reden. Und bevor wir Zeit haben, uns irgendeine Antwort auszudenken, kommt schon

Question Number Two, und dann folgt ohne Erbarmen eine Frage nach der anderen und ehe wir uns versehen, ist die erste Runde schon zu Ende und unser Antwortzettel fast leer, während die Alleswisser neben uns sich triumphierend beglückwünschen. Nach einer kurzen Pause, die dem Quizmaster und den Teilnehmern die Chance gibt, eine weitere Runde Getränke an der Bar zu bestellen, geht es weiter mit der Bilderraten-Runde. Jede Gruppe erhält eine Schwarz-Weiß-Kopie mit Kinderbildern von berühmten Popstars, die meisten von so schlechter Qualität, dass man bis auf ein paar graue Schatten so gut wie nichts erkennen kann.

„Das ist eindeutig Madonna“, Elli zeigt auf einen hellen Klecks auf dem Papier.

„*Rubbish*. Das ist David Bowie“, meint hingegen Liam. Seine Mutter stimmt für Nina Simone und ich für Paul McCartney. Als Kompromiss entscheiden wir uns für Michael Jackson. Die anderen Fotos sind ähnlich kontrovers, so dass beim Beantworten an vielen Tischen hitzige Debatten ausbrechen.

Das Auswerten der Antworten dauert seine Zeit und um zehn Uhr sitzt der Quizmaster immer noch mit Stirnrunzeln in der Ecke des Pubs und rechnet Punkte zusammen. Das Zittern geht weiter.

Vor lauter Spannung kauft Elli ein paar Tüten Chips an der Bar – Essigchips für mich, Brathähnchengeschmack für Liam, Fischgeschmack für seine Mutter und normale Chips für sich.

„Was bist du aber heute langweilig“, kommentiert Liam, während er sich die Hälfte seiner Tüte in den Mund schiebt.

„Von den anderen bekommt man Mundgeruch.“

Liam bläst ihr Brathähnchenduft ins Gesicht und lacht.

Endlich stellt der Barmann die Musik leise und Ian ergreift das Mikrofon.

„*Attention please!* Ihr wart alle fantastisch heute Abend, vielen Dank fürs Teilnehmen. Und jetzt zu den Ergebnissen ...“

Wir sitzen alle auf den Rändern unserer Stühle und schweigen aufmerksam.

„Auf dem fünften und damit letzten Platz sind unsere Oldtimer, die *In-quiz-itors*! Applaus bitte für die *In-quiz-itors*!“

Wir klatschen begeistert, denn wir sind zum ersten Mal nicht Letzte!

„Auf dem vierten Platz: die *Quizarables*!“ Wieder Applaus. Unglaublich. Wir haben es geschafft.

„Und drittens, aber nicht letztens: die *Winners*! –“

Liams Mutter strahlt. Und als der Quizmaster dann in unsere Richtung schaut, ist alles klar.

„– und glückliche Gewinner eines Freigetränkes: die *Primrose Hillbillies*!“ Wir springen alle vier auf, Ian gratuliert uns und drückt uns Gutscheine für die Bar in die Hand. Die Gewinner sind mal wieder die *Mental Blanks* neben uns, doch wen stört das noch – wir haben den zweiten Platz erreicht und sind damit Pop-Connaisseure erster Klasse. Das ist eine kleine Feier wert. Wir lösen unsere Gutscheine ein und Sharon legt auf dem Weg zur Toilette eine kleine Tanznummer ein.

„Hooray for the Primrose Hillbillies!“

Elli und ich stehen am Fenster, um ein bisschen frische Luft zu schnappen und beglückwünschen uns gegenseitig zu unserem großen Erfolg.

„Jetzt müssen wir nur noch die *Mental Blanks* ausschalten und wir sind die wahren Champions!“, Elli nickt in Richtung des Tisches hinter uns, an dem die Sieger sitzen.

Ich drehe mich um, werfe ihnen einen verächtlichen Blick zu und schaue dann stolz in die Runde. Da sehe ich plötzlich neben mir ein riesiges Kinn, das mir sehr bekannt vorkommt. Ich schaue genauer und falle dann fast in Ohnmacht. Von dem Kinn fällt mein Blick auf eine hoch aufgetürmte Stirnlocke und dicke Koteletten und ein Gesicht, das ich auf Anhieb erkenne. Ich drehe mich schnell wieder um und atme langsam durch. Ich muss mich beruhigen, bevor man meinen Herzschlag durch den ganzen Pub dröhnen hört.

„Schnell, Elli, gib mir einen Drink, sonst falle ich um.“

„Was ist denn, geht es dir nicht gut?“

„Stell bitte keine Fragen, gib mir einfach dein Glas. Dies ist ein Notfall."

„Was um alles in der Welt ist denn plötzlich in dich gefahren?"

„Guck mal, wer hinter uns steht."

Sie späht auf Zehenspitzen an mir vorbei und kann bei bestem Willen niemanden Außergewöhnlichen erkennen.

Doch dann wird auch sie leichenblass.

„Oh mein Gott."

„Was sollen wir nur tun? Wir müssen irgendwas tun!"

Hinter uns, Rücken an Rücken, steht *the one and only* Morrissey. Und wir haben nur noch eine halbe Stunde bis zur *last orders*-Glocke. Wenigstens ein paar Worte müssen wir mit ihm wechseln, denn wer weiß, ob wir ihn je wiedersehen.

„O. k.", Elli klingt, als hätte sie einen Plan. Doch dann sagt sie nur immer wieder „o. k., o. k.", und mir wird klar, dass sie noch aufgeregter ist als ich und kaum in der Lage, klar zu denken. Ihr Glas Whiskey hat sie innerhalb von Sekunden geleert.

Den größten Teil meines Englisch-Vokabulars habe ich durch Liedtexte Morrisseys gelernt. So konnte ich schon mit dreizehn Jahren so tolle Sätze wie *I was happy in the haze of a drunken night* oder *the sizzling blood and the unholy stench of murder* schreiben, ohne auch nur die geringste Ahnung zu haben, was sie bedeuteten, wovon mein Englischlehrer, Herr Müller, recht beeindruckt zu sein schien. Trotz völliger Talentlosigkeit im Sprachenlernen bekam ich so in der sechsten und siebten Klasse eine Eins nach der anderen. Und schon allein dafür möchte ich mich also bei Morrissey bedanken, aber im Moment bekomme ich nicht ein einziges Wort heraus.

„Jetzt sag schon was zu ihm", flehe ich Elli an, aber sie starrt nur geistesabwesend in Morrisseys Richtung.

„O. k., ich hole noch schnell einen Whiskey und dann traue ich mich. Versprochen." Und schon verschwindet sie an die Bar.

In dem Moment stößt mich jemand mit dem Ellbogen leicht an, ich drehe mich um und Morrissey entschuldigt sich.

Ich flüstere leise: „*That's o. k.*", und mir wird es ganz warm ums Herz.

Innerhalb von wenigen Minuten ist Elli zurückgekehrt, hat ein weiteres Glas geleert und tritt entschlossen auf den berühmten Sänger zu.

„*Hello Morrissey.*"

Er schaut sie amüsiert an. „*Hello.*"

Eine lange Stille. Ich komme ihr zu Hilfe.

„Ich habe dich vor einigen Jahren in Köln spielen sehen. Es war fantastisch."

„Ah ja, Köln. Der Dom und der Rhein, ich kann mich gut erinnern."

Dann eine weitere Pause und er wendet sich wieder seinem Gesprächspartner zu. Elli und ich schauen uns wie vor den Kopf gestoßen an.

„Hättest du nicht irgendwas Interessantes sagen können. Jetzt können wir ihn schlecht noch einmal unterbrechen, nur um wieder nichts zu sagen." Elli schaut mich an und sieht aus, als wäre sie kurz davor, zu weinen.

„*Du* hast bis auf ‚*hello*' *gar* nichts gesagt!"

„*Sorry*, ich weiß."

„Tja, das war es dann wohl."

Ich schiele hinter mich und denke mir, dass es ja schon toll ist, ihn überhaupt einmal getroffen zu haben. Man soll nicht zu gierig sein. Elli verschwindet auf die Toilette und ich versuche zuzuhören, was die beiden hinter mir sagen, aber sie reden viel zu leise. Dann ein weiterer Stoß mit dem Ellbogen. Ich drehe mich um, Morrissey ist auf dem Weg zur Bar und schaut mich an.

„Was trinkst du? Guinness?", fragt mich Morrissey.

„*Yes, please*", bringe ich gerade noch heraus.

Ich bin im siebten Himmel. Der große, einzigartige Morrissey kauft *mir* ein Guinness! Zwar nur ein halbes Pint, wie sich bei seiner Rückkehr herausstellt, aber das Glas lasse ich gleich als Erinnerungsstück mitgehen. Mittlerweile ist er umringt von einer ganzen Schar von Fans, die anders als ich und Elli keine Probleme zu haben scheinen, normal mit ihm zu reden, sondern sich angeregt unterhalten. Ich bin neidisch. Elli allerdings ist untröstlich.

„Typisch! Warum musste ich gerade in dem Moment, wo er zur Bar geht, in der Toilette sein! Das werde ich mir nie verzeihen."

Dann gesellt sich eine dicke blonde Frau zu der Gruppe, die den Sänger umringt, und lässt ihn wissen, dass sein Taxi draußen auf ihn wartet.

„Schnell, das ist unsere letzte Chance, doch noch mal kurz mit ihm zu reden", sagt Elli und geht auf ihn zu, aber die dicke Blondine schiebt sie zur Seite.

„Morrissey muss jetzt zum Taxi." Er grinst noch einmal schüchtern zum Abschied, und dann ist er draußen.

Wir bleiben im Pub zurück, untröstlich, weil es vorbei und er weg ist, andererseits euphorisch, ihn so unverhofft getroffen zu haben.

„Hatte ich dir nicht gesagt, er würde uns noch mal über den Weg laufen?", sagt Elli seufzend.

„Wenigstens bekommen wir jetzt beide drei Punkte", fällt mir ein, aber das ist auch kein großer Trost.

In den kommenden Tagen bin ich einerseits so aufgeregt über das Treffen, andererseits so geknickt, dass es so schnell vorbei war, dass ich direkt krank werde.

Außerdem habe ich schon seit den Weihnachtsferien den Fehler gemacht, die Wintermode der Engländer nachzuahmen, und nun muss ich dafür büßen. Mit einer dicken Grippe. Wenn man die Wintermode hierzulande betrachtet, könnte man den fehlerhaften Schluss ziehen, der Sommer würde nie enden. Kalte Winter wie in Deutschland gibt es im Süden Englands dank des warmen Golfstromes tatsächlich nur äußerst selten. Unter null sinken die Temperaturen in London meist nur ein Dutzend Mal pro Winter und das ist auch gut so, denn zu meinem Erstaunen gibt es selbst heutzutage noch viele Häuser ohne Zentralheizung. Ich selber habe auch keine, sondern muss meinen kleinen elektrischen Heizer anwerfen, der so viel Energie frisst, dass mich jede warme Stunde ein ganzes Pfund kostet. Obwohl es Anfang Februar fast zehn Grad wärmer ist als in Deutschland, zittere ich pausenlos.

Doch so kalt es auch sein mag, sehen die meisten Engländer es als zutiefst unmännlich an, in den Wintermonaten einen Pullover oder gar einen Mantel zu tragen. Selbst bei Temperaturen um die null Grad ist es selbstverständlich, im T-Shirt einzukaufen (schließlich ist in den Läden ja geheizt) oder zum Pub zu gehen (wo man sich ja mit einem kleinen Whiskey schnell wieder aufwärmen kann). Komischerweise gilt das Gleiche, vielleicht sogar noch im größeren Rahmen, für die Frauen: Läuft man an einem Samstagabend im Januar bei minus zwei Grad durch eine beliebige englische Stadt, wird man dort garantiert Horden von Minirock-bekleideten, strumpflosen und bauchfreie Hemden tragende Britinnen sehen, die es auch noch auf die Reihe bringen, das Ganze ohne Gänsehaut oder andere Zeichen von Unwohlsein zur Schau zu stellen.

Unerklärlicherweise ist dieses Verhalten umso extremer, je höher man in den Norden fährt. Auf alle hundert Kilometer Richtung Schottland, und somit Richtung Nordpol, werden die Miniröcke der Frauen um zirka zwei Zentimeter kürzer. Und zwar betrifft das nicht nur aufgedonnerte Teenager auf dem Weg in den Club, sondern Frauen aller Altersstufen, Schichten und Konfektionsgrößen. Sie alle legen es darauf an, zu jeder Tages- und Nachtzeit so viel Haut wie möglich zu zeigen, und haben dafür eine mysteriöse Methode entwickelt, ihre Kältesensoren völlig zu deaktivieren.

Und ich war so davon beeindruckt, dass ich selber auch auf meine gewohnte Ski-Unterwäsche und Winterjacke verzichtet hatte und nur im Shirt und Mantel ausgegangen war. Ein einziges Mal.

Die Strafe: Ich habe Fieber, mein Kopf fühlt sich an, als würde er jeden Moment explodieren, und meine Nebenhöhlen sind so vereitert, dass ich auf dem rechten Ohr gar nichts mehr hören kann. Was mir in Hinsicht auf den Lärmpegel in meinen Unterrichtstunden zuerst als Vorteil erscheint, aber irgendwann habe ich so viel Geld für Vitamin-C-Tabletten und Echinacea ausgegeben, dass ich mich dann doch überwinde und mich aufmache, erste Kontakte mit dem englischen Gesundheitswesen zu knüpfen.

Auf dem Weg zum Supermarkt laufe ich immer an der Praxis eines Arztes namens Dr Travernen vorbei, und so gehe ich dort also schließlich hinein, fülle ein paar Formulare über meine Krankengeschichte aus, beantworte Fragen über die Länge meines Aufenthaltes in England, und dann ist schon alles geregelt und die Rezeptionistin drückt mir eine laminierte Nummer in die Hand. „Setzen Sie sich."

„Muss ich denn nicht erst einen Termin ausmachen?"

„Wenn Sie bereit sind, ein bisschen zu warten, sieht Dr Travernen Sie auch noch heute Morgen."

Das englische Gesundheitssystem, der National Health Service oder kurz NHS, ist zwar im eigenen Land recht verschrien, bietet aber doch den riesigen Vorteil, dass es jedem Bürger eine völlig kostenfreie Krankenversicherung bietet, ob man nun gerade arbeitslos ist oder Millionen verdient. Und so muss auch ich, nach Vorzeigen meines Passes, der als Beweis dient, dass ich EU-Bürgerin bin, keinen Penny für die Behandlung bezahlen.

Ich bin umgeben von hustenden Rentnern und Jugendlichen in Schuluniform, die schüchtern auf den Boden starren. Viele der älteren Patienten scheinen sich zu kennen und bemitleiden sich gegenseitig ob ihrer jeweiligen Gebrechen.

„*My dear*, du siehst aber auch wirklich schlecht aus."

„*I know, I know*. Bei diesem kalten Wetter zieht es mir in allen Knochen."

„*Sorry to hear that, my dear.*"

Ich betrachte die laminierte Nummer, die mir von der Rezeptionistin gegeben wurde. Meine Nummer ist 7, und ich versuche unauffällig rauszufinden, wer die 6 hat, um zu wissen, wann ich an der Reihe sein werde.

Ich bin es von zu Hause gewohnt, von der Arzthelferin aufgerufen zu werden, aber die Rezeptionistin in dieser Praxis ist damit beschäftigt, eine „Top of the Pops"-Wiederholung mit der englischen Hitparade auf einem kleinen Fernseher zu gucken, der wohl zur Unterhaltung der Patienten auf einem Regal an der Wand angebracht ist.

Ungefähr alle Viertelstunde hört man in dem Zimmer, an dessen Tür Dr Travernens Namenschild angebracht ist, ein Handglöckchen läuten. Dann öffnet sich die Tür, ein Patient kommt heraus und der Nächste von uns erhebt sich. Dies geht fast eineinhalb Stunden lang so, bis plötzlich niemand mehr aufsteht und mich alle ungeduldig anschauen.

„It's your turn, love", sagt schließlich die Frau neben mir. Trotz besten Bemühens habe ich doch meine Nummer verpasst. Ich stehe eiligst auf und klopfe an die Arzttür.

Abgesehen von der weißen Liege in der einen Ecke und dem Stethoskop um seinen Hals sieht Dr Travernens Praxis eher aus wie das Arbeitszimmer eines zerstreuten Professors. Eine Unmenge an Büchern steht auf Regalen, an den Wänden hängen Picasso-Abzüge und zwischendrin ein ganzes Meer von Spinnenpflanzen, die kreuz und quer über die Regale zu ranken scheinen. Und einen weißen Kittel trägt Dr Travernen auch nicht.

„*Hello Miss Redscheneiter*! Habe ich das richtig ausgesprochen?" Dr Travernen, ein kleiner Mann Ende vierzig mit Beatles-Haarschnitt, spricht mit dem Akzent, an dem man die gehobene Mittelschicht binnen Sekunden erkennen kann. Ich berichtige ihn und beantworte seine Frage nach der Herkunft meines Namens.

„Ach nein, so was! Meine Großmutter stammt nämlich auch aus Deutschland. Sie hat meinen englischen Großvater am Ende des Krieges kennengelernt, die beiden haben geheiratet und anschließend sind sie nach Liverpool gezogen."

Bald weiß ich alles über Dr Travernens Familiengeschichte, während meine Krankengeschichte nur eine lästige Nebensache zu sein scheint.

„Könnten Sie mir denn irgendwas gegen die Kopfschmerzen verschreiben?"

„Und meine Oma hat mir immer deutsche Lieder vorgesungen. Kennen Sie das hier –" Er fängt an, die Melodie von „Kein schöner Land in dieser Zeit" vorzupfeifen, doch ich unterbreche ihn.

„Und etwas gegen den Husten?" Erst jetzt kommt er dazu, meine Lungen abzuhören und mich nach meinen Symptomen zu fragen.

„Ach, wissen Sie", sagt er anschließend, „bei so einem grippalen Infekt hilft wirklich nur eines."

„Ach ja?"

Er kramt lange unter seinem Schreibtisch in den Hunderten von Plastiktüten, die dort gelagert sind, und taucht dann schließlich lächelnd wieder hervor. In der Hand hält er ein Whiskeyglas, welches er laut vor mich hinstellt.

„Das hier."

Ich frage mich, ob er mir jetzt vielleicht ein Glas einschenken und dann weiter von seiner Familie erzählen wird, und werde ungeduldig.

„Was hat das mit meiner Grippe zu tun?", frage ich, vielleicht etwas ruppig.

„Ich könnte Ihnen teure Medikamente verschreiben. Ich könnte Ihnen Antibiotika verschreiben. Aber wissen Sie, all das hilft in Wirklichkeit gar nichts und bringt nur den Chemiekonzernen Geld ein. Das einzige gute Mittel ist dies, was meine Großmutter aus Schottland – meine Oma Milly – mir schon als kleinem Jungen gegeben hat. Und das ist ein großes Glas Whisky, aufgegossen mit heißem Wasser, dem frisch gepressten Saft einer halben Zitrone und einem großen Löffel Honig. *Hot Toddy* nennt man das."

„Bekomme ich dafür ein Rezept?"

Er lacht. „Also, glauben Sie mir, ein paar Gläser von denen pro Abend, und anstatt klagend im Bett zu liegen, werden Sie bald auf den Tischen tanzen."

Das glaube ich ihm gern und will dann schnell aus der Tür hinaus, bevor ich mir weitere Storys von Oma Milly anhören muss.

„Aber benutzen Sie Whisky ohne -e- am Ende, nicht *Whiskey*! Das ist ganz wichtig! Kennen Sie den Unterschied? Whisky wird in Schottland gebraut, Whiskey in Irland und Amerika, und dreimal dürfen Sie raten, welcher der bessere ist." In den nächsten zehn Minuten erfahre ich alles, was ein Normalbürger jemals über Whisk(e)y wissen sollte, und ebenso wird mir klar, weshalb in England die Wartezeiten für Arztbesuche so lang sind.

Dr Travernens Rat jedoch, jeden Abend mehrere Gläser Whisky mit Zitrone zu trinken, folge ich mit großem Eifer, auch wenn meine Erkältung davon nicht besser wird. In der Tat huste ich so viel, dass vermutlich niemand in meinem Haus viel Schlaf bekommt.

Nach ein paar Tagen klopft Yitkee etwas beschämt an meine Tür und hält mir ein kleines Paket entgegen.

„Hier, das ist für dich."

Ich mache es auf und entdecke ein großes Glas Honig und ein paar Zitronen. Die perfekten Zutaten für meine *Hot Toddys*!

Ich sollte gerührt sein, aber es handelt sich offensichtlich um ein nicht ganz selbstloses Geschenk – schließlich ist die Wand zwischen meinem und Yitkees Zimmer so dünn, dass wir genauso gut im gleichen Zimmer wohnen könnten. Auch ich mache ihm am kommenden Tag ein kleines Geschenk – ein Paket Ohropax.

Februar

Böse Zungen behaupten, der Valentinstag sei eine Erfindung der Floristen und Pralinenindustrie. Wofür sie, finde ich, beide eine angemessene Strafe verdient haben, denn den Valentinstag in England als Single zu überstehen ist eine Tortur. In England feiert man den 14. Februar schon seit Jahrhunderten, und das Fest einfach zu ignorieren und so zu tun, als sei es ein Tag wie jeder andere, ist unmöglich. Restaurants sind wochenlang vorher ausgebucht und bieten an diesem Tag sowieso ausschließlich *romantic dinners for two* mit Austern und Champagner an, Theater und Kinos spielen *Romeo and Juliet* oder vielleicht mal die *West Side Story*, und selbst die Pubs haben ihre eigenen Valentinsveranstaltungen, so dass man sich als Alleinstehende überall unerwünscht vorkommt. Am Valentinsabend allein in den Pub oder auch nur zum Supermarkt zu gehen, ist ein eindeutiger Beweis dafür, dass man *sad* ist. Und *sad* in der Umgangssprache bedeutet nicht nur traurig, sondern unsympathisch, mitleiderregend und widerwärtig. Und genauso fühle ich mich heute Abend.

Als ich von der Arbeit nach Hause gehe, kommen mir unzählige Männer mit Blumensträußen in den Armen entgegen, und schon so früh am Abend scheint die ganze Welt nur aus glücklichen Paaren zu bestehen, die sich Arm in Arm zu einem romantischen Dinner in einem teuren Restaurant aufgemacht haben. Ich scheine die einzige Person zu sein, die an diesem Tag alleine durch Primrose Hill läuft.

Doch als ich zu Hause eintreffe, erwartet mich eine Überraschung. Auf dem kleinen Tisch im Flur liegt eine rosane, an mich adressierte Karte, die ich zitternd aufhebe. *„For Anna“* steht darauf in einer mit unbekannten Schrift. Ich öffne sie mit klopfendem Herzen und hoffe gegen alle Befürchtungen. Auf der Außenklappe der Karte ist ein dickes, rotes Herz, darunter in ebenfalls roten Buchstaben: *„For my Valentine"*. Mein Tag ist gerettet.

Ich breche vorsichtig den Umschlag auf, öffne die Karte und lese dann die krakelige Schrift darin: „Damit du nicht ganz leer ausgehst – Yitkee". Ich bin gerührt und enttäuscht und fühle ich mich noch miserabler als vorher. Man schreibt mir sogar Trostkarten.

Am Abend ist das Haus bis auf Yitkee, Elli und mich völlig vereinsamt. Nick ist gleich über ein verlängertes Wochenende weggefahren, um all das zu vermeiden, Felice ist mit seiner japanischen Freundin ausgegangen, und selbst der schweigsame James scheint ein Date zu haben, denn gegen sechs Uhr sehe ich ihn wortlos und mit einem Blumenstrauß bewaffnet die Treppe hinunterstolpern. Und so sitzen wir freund- und lieblos zu dritt in Ellis Zimmer und schauen verstimmt Fernsehen. Doch auch in *Eastenders* dreht sich alles nur um St. Valentin.

„Wenn du deine Karte nicht unterschrieben hättest, könnte ich jetzt wenigstens über einen mysteriösen Verehrer fantasieren", beschwere ich mich bei Yitkee.

„Entschuldigung, aber ich wollte dir keine falschen Hoffnungen machen. Und nachher hättest du meine Schrift noch erkannt und gedacht, ich wäre tatsächlich in dich verliebt." Ich werfe ihm einen giftigen Blick zu. Wir sind an diesem Abend alle drei nicht sehr wohlwollend gestimmt.

Aus dem Fenster sieht man ein Paar nach dem anderen Arm in Arm die Straße hinunterlaufen und wir beschließen, uns zum Trost eine weitere Flasche Wein zu besorgen, aber keiner hat Lust, sich allein auf der Straße zu zeigen.

Schließlich gehen Yitkee und ich los und legen beide Wert darauf, so weit wie möglich voneinander entfernt zu gehen.

„Eine rote Rose für unser Liebespaar?", fragt ein Blumenverkäufer, der vor einem Restaurant auf Opfer wartet.

„Nein, danke." Wir gehen schnell weiter.

Als wir zurückkehren, klingelt das Telefon im Flur.

„Wenn es für mich ist, sagt bitte, ich wäre nicht zu Hause. Dass ich schon wieder ein Valentinsfest allein zu Hause verbringe, muss ja niemand wissen“, sagt Elli.

„Und wir zählen nicht?“, fragt Yitkee beleidigt.

„Hello.“ Es ist nicht Ellis Mutter, sondern eine tiefe, traurige Stimme mit einem australischen Akzent. Eine kurze Pause, dann: *„Sorry, James is dead.“*

James tot? Das kann doch nicht sein! Ich starre, ohne zu atmen, die Wand an, nehme jedes einzelne Blümchenmuster plötzlich dreimal so deutlich wahr wie sonst und überlege, dass ich James, unseren schweigsamen, netten James, doch noch vor zwei Stunden gesehen habe. Dass wir noch nicht einmal ein Wort miteinander gewechselt haben, und dies nun das letzte Mal gewesen sein wird, dass ich ihn gesehen habe. Ich fühle mich schrecklich.

Die Stimme am anderen Ende der Leitung meldet sich wieder.

„Hello? Sind sie noch da?“

„Ja, natürlich“, antworte ich, schluckend. „Es ist ein großer Schock. *I'm so sorry.*“ Hatte er etwa einen Unfall? Oder hat er sich etwa an diesem deprimierenden Tag etwas angetan? Vielleicht war der Blumenstrauß nur Tarnung.

„Oh, es macht ja nichts weiter. Können Sie ihm eine Nachricht hinterlassen?“

„Excuse me?“ Ich schlucke noch einmal und frage dann erbost: *„Wer* sind Sie?“

„Wie ich schon sagte: *James' Dad. The dad of James*!“

Nachdem ich mich so ruhig wie möglich verabschiedet habe, kritzele ich beschämt eine Nachricht für James auf den Block neben dem Telefon und nehme mir vor, in Zukunft nicht immer gleich das Schlimmste zu befürchten.

„Was war denn? Hat James' Vater schlechte Nachrichten?“

„Oh nein, nur ein kleines Missverständnis“, lenke ich ab, und dann schellt es schon wieder.

Diesmal ist es tatsächlich Ellis Mutter und ich teile ihr mit, dass ihre Tochter leider nicht zu Hause sei.

Eileen lacht laut auf. „*You can't fool me!* Sag mir nicht, sie hätte sich plötzlich ein tolles Date geangelt! Wahrscheinlich sitzt sie gerade schmollend neben dir!"

Ich nicke beschämt und überreiche Elli den Hörer.

„Ja und, Mum? Du scheinst am Valentinsabend ja auch nichts Besseres zu tun zu haben, als deine Tochter anzurufen", hält Elli dagegen.

„Was ist eigentlich aus deinem Kellner geworden? Wolltet ihr euch nicht noch einmal treffen?", fragt Elli mich später.

Ich erzähle ihr also von den Ereignissen im Park vor ein paar Monaten, und sie nickt mitfühlend.

„Englische Männer sind charmant und flirten gerne, aber so ganz ernst sollte man ihre Anmache nicht nehmen."

„Von Anmache konnte hier ja gar nicht die Rede sein. Und wenn überhaupt, hat ja nun auch nicht er mich angemacht, sondern ich ihn", entgegne ich entrüstet. „Und mir war es sowieso ganz egal, ob mehr daraus geworden wäre oder nicht."

„Na ja, dann ist ja gut."

Am nächsten Tag bin ich so geknickt, dass mein Husten wieder stärker wird und ich in der Nacht kaum schlafe.

Ich mache mich also wieder auf zu Dr Travernen.

„*Sorry,* aber der Doktor ist selber krank. Sie können sich aber beim Notarzt im Royal Free Krankenhaus melden."

So schlimm ist mein Leiden nun wohl doch nicht, und statt eines Arztbesuches trinke ich einfach weiter meine *Hot Toddies.* Yitkee bringt mir eine tägliche Zitronenration, und ich schäme mich, ihn schon wieder nachts wachzuhalten.

Aber noch lästiger ist, dass mich der Husten natürlich auch beim Unterrichten behindert.

„Bleiben Sie doch morgen ruhig mal zu Hause, ich glaube, sie könnten ein paar freie Tage gebrauchen." Leider kommt dies nicht von meiner Vorgesetzten, sondern von einigen Schülern, die darauf hoffen, mal wieder eine Vertretungsstunde zu haben.

Ich kämpfe mich aber trotz Fieber weiter zur Arbeit und muss zur Strafe gleich selber Vertretung geben. Mein Kollege, ein Geschichtslehrer, der zu einem Fortbildungskurs muss, kommt zum Unterrichtsbeginn noch kurz rein, um den Kindern ihre Aufgabe für heute zu erklären: Sie sollen in ihrer nächsten Stunde so tun, als wären sie zu Ende des Krieges in Deutschland und müssten den Wachmann eines Konzentrationslagers interviewen.

„Fangt mit einfachen Fragen an, also Nummer eins: Wie heißen Sie? Nummer zwei: Was ist Ihre Aufgabe? Dann später fragt ihr, warum sie die Juden so unmenschlich behandeln konnten. Alles klar?"

„Alles klar!", brüllen die Kinder, und schon verlässt er den Raum. Ich gehe durch die Reihen und schaue mir an, was so geschrieben wird.

„Was ist denn ein typisch deutscher Name, Miss?"

„Was für einen Namen soll ich dem Wachmann geben?", fragt mich ein Kind nach dem anderen.

„Adolf? Heinrich? Ich weiß es auch nicht."

Ich bin etwas ratlos, schließlich will ich ja nicht irgendeinen deutschen Namen in Verruf bringen.

Ein kleines Mädchen schaut an die Tafel, an die ich meinen eigenen Namen geschrieben habe.

Ein paar Minuten später zeigt sie mir ihr Heft: Den KZ-Wachmann hat sie Adolf Regeniter genannt. Ich finde das gar nicht lustig. Andere Varianten sind: Heinz Schweinsteiger, Boris Ballack, Adolf Podolski.

„Haben Sie Hitler eigentlich schon mal persönlich kennengelernt?", fragt mich ein Mädchen in der ersten Reihe, als ich einen Blick auf ihr Heft werfe. „Sind Sie seinetwegen aus Deutschland geflohen?" Sie schaut mich interessiert an. Ich kläre sie auf, dass Hitler schon lange tot ist und ich keineswegs aus Deutschland geflohen, sondern aus eigenem Antrieb nach England gezogen bin.

„Ach so, Sie sind also eine Asylbewerberin."

Ich weiß nicht, ob ich lachen oder mich beschweren soll. Leider fängt in diesem Moment wieder mein Husten an und ich nicke schnell, um weitere Fragen zu vermeiden. Ich huste und huste, während die Kinder um die Wette schreien und ich nicht mal etwas dagegen sagen kann. Nach Atem ringend schreibe ich ihre Namen an die Tafel, und daneben „20 Minuten Nachsitzen", aber ich könnte genauso gut unsichtbar sein.

Verzweifelt suche ich in meiner Tasche nach einem Hustenbonbon oder irgendetwas anderem, was den Hustenreiz stoppen könnte, finde aber nur einen Lutscher, den ich mir also, auf ein bisschen Erleichterung hoffend, in den Mund stecke, und lutsche verzweifelt darauf herum. Ein paar der netten Kinder gucken mich mitleidsvoll an, die anderen ignorieren mich einfach und schreien weiter.

Bis es dann plötzlich von einem Moment zum nächsten mucksmäuschenstill wird und sämtliche Schüler innerhalb von Sekunden brav auf ihren Plätzen sitzen und zur Tür schauen. Ich folge ihren Blicken, und bemerke Dr Clarkson, den Schulleiter, der mit verschränkten Armen und bösem Blick in der Tür steht. Plötzlich brüllt er so laut los, dass selbst ich vor Schreck zusammenfahre:

„Was geht denn hier vor? Das ist ja unglaublich, was hier mitten während des Unterrichts los ist. Danny, aufstehen!"

Danny springt in die Höhe und schaut Dr Clarkson verängstigt an.

„Krawatte geraderücken!"

„Yes, Sir!"

Der Junge zieht so schnell wie möglich seine blaue Krawatte mit dem Schulemblem ein bisschen in die Länge.

„Bist du immer so eine lahme Ente? Deine armen Eltern! Ricky!" Der nächste Schüler steht zögernd auf.

„Hemd in die Hose stecken!" Ricky folgt schnell dem Befehl, und ich überlege, ob die englische Vorliebe für Trainingsanzüge diesem strikten, schon fast militärischen Uniformzwang in der Schulzeit entspringt. Wer sich zwangsweise viele Jahre so geschniegelt kleiden muss, möchte es in der Freizeit vielleicht locker angehen.

Dann wendet sich der Schulleiter an die ganze Klasse.

„Ihr werdet alle heute nach Schulschluss eine halbe Stunde nachsitzen, und wer dagegen was einzuwenden hat, kann gleich eine ganze Stunde bleiben."

Dann wendet er sich an mich, fängt zu reden an und stockt dann plötzlich. Mit Grauen wird mir klar, dass er meinen Mund, beziehungsweise den Lutscher in meinem Mund, anstarrt. Ich nehme ihn schnell raus und verstecke ihn hinter dem Rücken.

„Ist hier alles unter Kontrolle, Miss?"

„Ja", sage ich kleinlaut mit krächzender Stimme und würde am liebsten im Boden versinken.

„Ich würde gerne mal morgen mit Ihnen sprechen. Bitte kommen Sie in der Mittagspause in mein Büro." Dann verschwindet er genauso plötzlich, wie er gekommen ist.

Den ganzen restlichen Tag graut mir vor dem Treffen, doch das Glück, beziehungsweise das Wetter, ist auf meiner Seite.

Am Abend fängt es nämlich ein wenig an zu schneien, zum ersten Mal seit meinem Umzug nach London, und die ganze Stadt ist in eine dünne Schicht Puderschnee getaucht. Da es im Süden Englands so selten richtig kalt wird, ist Schnee, selbst in für deutsche Verhältnisse nicht als erwähnenswert angesehenen Mengen, Grund zur Panik. Nur die wenigsten Autofahrer besorgen sich Winterreifen, gestreut wird nur selten und dann nur auf Autobahnen und viele Stunden nach dem Schneefall. Wenn dann also mal ein paar Flocken fallen, geht gar nichts mehr. Von meinem Fenster aus sehe ich zu, wie ein Auto nach dem anderen von der Bahn abkommt und auf den Bürgersteig zuschlittert. Bald kommt der Verkehr völlig zum Erliegen.

Am nächsten Morgen stehe ich ganz besonders früh auf, denn ich habe beschlossen, das Auto lieber zu Hause zu lassen und stattdessen mit der U-Bahn zu fahren, denn schließlich habe auch ich keine Winterreifen.

Die Fahrbahn ist wieder einigermaßen frei, nicht so aber die Gehwege, denn es gibt hier keine Regelung, nach der die Hausbewohner für das Schneeschippen vor ihrem Haus verantwortlich sind.

„Wofür zahlen wir denn Steuern?", beschwert sich die Nachbarin, als ich sie dazu befrage. „Für die Straße ist der Staat verantwortlich, nicht ich."

Als ich zum zweiten Mal an diesem Morgen ausrutsche und auf dem Hintern lande, sehne ich mich fast nach der deutschen Ordnungswut.

Endlich komme ich an der U-Bahn-Station an, nur um zu sehen, dass diese mit einem Gitter zugesperrt ist. Ich schiele hindurch und sehe ein Schild mit der Aufschrift: *„No trains today, due to the wrong kind of snow!"* – Keine Züge heute wegen des falschen Schnees. Ich frage mich, wie wohl die richtige Art von Schnee auszusehen hat.

Ich schlittere also wieder nach Hause, und steige dann doch in mein Auto.

Das Fahren selber geht überraschend gut, und so bin ich umso erstaunter, als mir vor dem geschlossenen Schultor die Sekretärin zuwinkt.

„Wir haben geschlossen! Keine Schule heute!"

Ich fahre etwas näher heran und öffne das Fenster.

„Wie bitte?"

„Die Gehwege zwischen den Gebäuden sind nicht gestreut worden. Und wenn eins der Kinder sich auf dem Schulgelände das Bein bricht, müssen wir haften. Also bleiben wir erst mal geschlossen."

Das, finde ich, ist ein vernünftiger Grund.

„Den ganzen Tag?"

Sie lacht. „Wenn wir Glück haben, die ganze Woche! Übrigens sind Sie bis auf Miss Duncan die einzige Kollegin, die sich überhaupt auf die Straße gewagt hat."

Etwas wundert mich dies schon, da ich von mehreren Lehrern weiß, dass sie nur zehn Minuten entfernt wohnen. Aber beschweren werde ich mich über meinen unverhofften Feiertag wohl kaum, und so drehe ich halt um, fahre wieder nach Hause und gehe zurück ins Bett.

Die nächsten Tage sind wunderbar. Ganz London hat frei und im Fernsehen werden ununterbrochen Sendungen mit Überlebenstipps ausgestrahlt, damit die Bevölkerung es durch die schweren verschneiten Tage schafft.

Ein Mann im Pub erzählt mir, so gut gelaunt hätte er die Londoner bisher nur zweimal erlebt: beim ersten und vorerst letzten Weltmeisterschaftssieg der englischen Fußballnationalelf 1966 und dann 1977 beim Silberjubiläum der Königin.

„Ich kann mich sogar noch an den Tag erinnern, der 7. Juni. Meine Kinder hatten schulfrei, die Werkstatt, wo ich damals arbeitete, war geschlossen, und überall fanden Straßenfeste statt."

Von Straßenfesten kann zwar diesmal nicht die Rede sein, was vielleicht auch an den Temperaturen liegt, aber eine festliche Stimmung gibt es allemal, und all dies dank ein paar Schneeflöckchen! Es lebe London.

Nach drei Tagen ist aber auch der letzte dreckiggraue Restschnee weggeschmolzen und es hilft nichts: Die Arbeit geht weiter und die Schule auch.

Meine erste Klasse nach den unverhofften Ferien ist meine geliebte Abiturklasse, bestehend aus nur drei Schülern. Zwei Schüler mehr als letztes Jahr, erzählt mir Miss Miller. Jemand, der seine *A-Level*, also sein Abitur, in Deutsch macht, wird das aus den gleichen Gründen tun, wie in Deutschland jemand Altgriechisch oder Latein wählen würde.

Die diesjährige Klasse besteht aus Mike, der Makrobiologe werden will und mit seinen wilden, langen Haaren, runden Brillengläsern und allgemein etwas exzentrisch wirkendem Auftreten dafür wie gemacht zu sein scheint, Julie, einem netten, ruhigen Mädchen, das ein neues Wort nur einmal hören muss, um es nie wieder zu vergessen, und Sam. Sam ist von einer anderen Schule zu uns übergewechselt und spricht trotz gegenteiliger Bezeugung seiner früheren Lehrer kaum ein

Wort Deutsch, will es aber unbedingt lernen, weil er zu wissen glaubt: *„German girls are very pretty.“* Und gegen deutsche Autos hat er auch nichts.

Unsere Doppelstunden jeden Dienstag- und Freitagnachmittag sind die einzigen Ruhepausen für mich und ich freue mich immer darauf, obwohl das höhere Sprachniveau das Unterrichten nicht leichter macht.

„Wie sagt man denn *Container* auf Deutsch?“, fragt mich Mike zum Beispiel in einer Unterrichtsstunde. Ich überlege hin und her, aber mir fällt kein anderes deutsches Wort ein. „Tja, ehrlich gesagt sagt man einfach ‚Container‘.“

„Und *Fan*?“

„Tja, also, auch das heißt im Deutschen ebenso ‚Fan‘.“

„Und *Surfing*?“

„‚Surfing‘ ist ‚Surfen‘“, antworte ich, jetzt schon ein bisschen beschämt.

„Denken Sie sich das auch nicht einfach so aus, weil Ihnen die deutsche Übersetzung nicht einfällt?“, fragt mich Sam.

„Ich meine, Sie wohnen ja jetzt schon eine ganze Weile hier, da wäre das schon entschuldbar.“ Ich bedanke mich für sein Verständnis und versichere ihm, dass ich ihm keinen Unsinn erzählt habe.

Die Beziehung vieler Deutscher zu England ist merkwürdig – einerseits machen wir uns lustig darüber, dass sie bei Schmuddelwetter mit in Zeitungspapier eingewickelten Pommes und Fisch herumlaufen, andererseits bewundern wir sie so sehr, dass mittlerweile keine einzige Werbung nicht mindestens ein englisches Wort enthält. Das einzige deutsche Wort hingegen, das regelmäßig in den englischen Medien benutzt wird, ist „Blitzkrieg“. Die Küche muss „geblitzt“, also geputzt werden, Manchester City wurde von Chelsea „geblitzt“, also hoch besiegt, und wenn man selber „geblitzt“ ist, hat man mal wieder zu viel gegessen.

Ich muss also mein Bestes tun, zu erklären, dass es trotzdem noch wert ist, weiterhin deutsche Grammatik zu pauken.

Umso größer ist dann der Schlag, als mitten in der Stunde die Tür aufgeht und Dr Clarkson eintritt.

„Can I speak to you later today?“

„Yes, of course“, stottere ich und mir wird übel. Ich hatte das angedrohte Gespräch schon fast vergessen.

Den Rest des Tages kann ich an nichts anderes denken und eine Minute nach Schulschluss klopfe ich ängstlich an Dr Clarksons Tür.

Er öffnet mir freundlich lächelnd und weist mich an, Platz zu nehmen.

„Also, der Grund für unser Gespräch ... Wahrscheinlich weißt du schon, dass Miss Miller von übernächster Woche an einen Tag weniger arbeiten wird?“ Ich schlucke. Damit hatte ich bei der so karrierebewussten Miss Miller nicht gerechnet.

„Darf ich fragen, warum?“

„Nun, sie hat wohl ihre Gründe“, antwortet er ausweichend. „Auf jeden Fall wird das natürlich zu Stundenplanänderungen führen.“

Ich schaue ihn gespannt an.

„Aber erst mal möchte ich dir zu deinem gelungenen Start in das englische Schulsystem gratulieren. Du hast so viele schwere Klassen, da hätten viele andere schon längst alles an den Nagel gehängt.“

Jetzt bin ich wirklich erstaunt. Anstatt sich über meine chaotische Klasse vor einigen Wochen zu beschweren, hat er mich zu sich ins Büro bestellt, um mich zu loben? Ein Stein fällt mir vom Herzen.

„Es fällt mir auch oft schwer“, gebe ich zu. „Ich hatte es mir ehrlich gesagt nicht *so* hart vorgestellt.“

„Das ist kein Wunder. Selbst ich mit meinen dreißig Jahren Berufserfahrung und meiner Stellung als Direktor habe immer noch manchmal Probleme. Die Kinder an unserer Schule sind nun mal nicht einfach.“

Ich nicke und mir wird ganz warm ums Herz. Dass selbst Dr Clarkson manchmal Probleme hat, muntert mich sehr auf.

„Als ich letzten Monat bei Mr Barbers Erdkundestunde zugeschaut habe, hat mir ein Kind, als ich kurz aufgestanden bin, doch tatsächlich Kleber auf den Stuhl geschmiert. Wir haben immer noch nicht rausgefunden, wer es war, aber ich kann es mir schon fast denken. Und er wird es büßen, das verspreche ich dir. Aber der Grund, weshalb ich dich heute zu mir gebeten habe, ist ein anderer."

Ich schaue ihn gespannt an.

„Wie gesagt, wir müssen wegen Miss Millers Stundenkürzung ein paar Stundenplanänderungen vornehmen, und Miss Miller, als Vorsitzende der Deutschabteilung, hat dafür die Hauptverantwortung übernommen."

Ich habe ein ungutes Gefühl und erinnere mich plötzlich an den schadenfreudigen Blick, den sie mir am Vortag zugeworfen hatte.

„Ja? Und was ändert sich an meinem?"

„Die schlechte Nachricht zuerst: Du übernimmst Miss Millers Klasse 10A." „Die 10A?" Bei diesen Worten dreht sich mir der Magen um, ich merke, wie ich vor Wut knallrot anlaufe und mein Puls davonrast.

„No!", stoße ich in einem so bestimmten und lauten Ton hervor, dass ich mich vor mir selbst erschrecke. Unter normalen Umständen hätte ich nie den Mut, so mit dem Direktor zu reden, aber dies geht zu weit. Die 10A ist an der ganzen Schule als die schlimmste Klasse überhaupt verschrien. „Das sind keine Jugendlichen, das sind wildgewordene *barbarians*", hatte mir selbst Mr Tucker, der strenge und furchteinflößende Sportlehrer, vor einigen Wochen noch erzählt. „Völlig außer Rand und Band. Nach jeder Stunde mit ihnen fühle ich mich, als hätte ich gerade zehn Runden mit Mike Tyson im Boxring verbracht."

Als ich über den ersten Schock hinweg bin, sage ich so gefasst wie möglich: „Aber du hast doch eben schon selber zugegeben, dass ich sowieso schon so viele schlimme Klassen habe. Und viel Erfahrung als Lehrerin in England habe ich auch nicht, wäre es da nicht besser, eine solche Klasse an jemand anderen zu geben?"

„Das ist ja alles nicht so einfach. Außerdem hat Miss Miller viel Zeit damit verbracht, den neuen Stundenplan zusammenzustellen. Ändern können wir jetzt nichts mehr daran."

„Aber ich habe dann ja auch viel zu viele Stunden, welche Klasse verliere ich denn dann?"

„Deine Abiturklasse. Miss Miller meint, so kurz vor den Examen könnten die gut ein paar zusätzliche Stunden mit einer so erfahrenen Lehrerin wie ihr gebrauchen."

Eine Welt bricht für mich zusammen. Innerhalb von fünf Minuten ist mir jede Lust vergangen, auch nur eine weitere Woche an der Parklands High zu arbeiten. Nicht nur habe ich jetzt die schlimmste Klasse aller Zeiten am Hals, auch werde ich meine geliebten drei Abiturienten und die netten, erholsamen gemeinsamen Stunden verlieren. Ich erinnere mich an die vielen Male, an denen Miss Miller mich bat, doch noch einmal die Deutschaufsätze ihrer zwölften Klasse Korrektur zu lesen, weil ihr Deutsch doch nicht gut genug sei, um das grammatische Geschlecht aller Wörter zu kennen. Mir bleibt nicht viel übrig: Ich werde kündigen, meine Niederlage eingestehen und zurück nach Deutschland gehen. Die erste Träne kann ich mir unbemerkt mit der Rückseite meines Ärmels wegwischen, doch mein Missmut steht mir ins Gesicht geschrieben.

„Ich weiß, die 10A ist eine große Herausforderung, aber wir erwarten noch großartige Sachen von dir. Du wirst das alles mit Bravour meistern, dessen bin ich mir sicher." Bei diesen netten Worten kommen mir die Tränen erst recht und ich entschuldige mich schnell und verlasse das Büro.

Als ich in der Mittagspause Maddie treffe, habe ich mich schon wieder ein bisschen beruhigt und erzähle ihr erbost von den Ereignissen.

„Ich habe dich ja gleich vor Miss Miller gewarnt, *haven't I*? Sie würde alles tun, um sich ein einfaches Leben zu machen, auch auf Kosten der anderen."

„Ich glaube, ich werde kündigen."

„Ach was, halt es wenigstens noch bis zum Sommer aus, dann wirst du über die Sommerferien bezahlt, und dann kannst du immer noch weitersehen."

Als mir Miss Miller einige Stunden später auf dem Weg zum Kopierer über den Weg läuft, weiß ich bereits, dass ich Ostern gehen werde.

„Hallo Anna", grinst sie mir zuckersüß zu.

„Ich finde das ja nicht gut, dass ich jetzt deine zehnte Klasse übernehmen muss", rücke ich sofort mit der Wahrheit heraus.

Sie grinst einfach weiter vor sich hin und tut so, als hätte sie nichts gehört.

Ich wiederhole meinen Satz, diesmal dreimal so laut.

Wieder keine Reaktion.

„*Sorry*, hast du was gesagt?", sagt sie dann schließlich eisig.

„Es ist eine Gemeinheit, dass man mir die Abiturklasse einfach wegnimmt und dafür die schlimme 10 A gibt." Wenn das nicht laut genug für sie war, muss sie ihren Hörsinn völlig verloren haben.

Sie schaut stur auf den Kopierer, nimmt ihre Blätter heraus und kehrt mir dann den Rücken zu. Vor der Tür dreht sie sich noch einmal um.

„Manche Sachen muss man einfach akzeptieren, wie sie sind", sagt sie vieldeutig und schließt dann schnell die Tür hinter sich.

Am nächsten Morgen im Lehrerzimmer verhält sie sich, als sei nichts passiert.

„How are you?", spricht sie mich wie immer lächelnd an. „Ich mag deinen Rock! Wirklich schön, wo hast du den gekauft?"

Ich versuche es selbst mit ihrer Ignorierungs-Strategie, tue so, als hätte ich sie nicht gehört, doch halte das eisige Schweigen nur ein paar Sekunden durch.

„Topshop", antworte ich stattdessen und lächele sogar zurück.

„Steht dir wirklich gut.“ Sie zwinkert mir zu, als wären wir beste Freundinnen, und erzählt mir dann ausführlich von ihrem kommenden Ski-Urlaub in Japan.

Am Nachmittag übergibt sie mir alle Unterlagen ihrer zehnten Klasse, inklusive der Klassenliste. Ich überfliege schnell die Namen – obwohl ich keines der Kinder persönlich kenne, sind mir alle aus Schreckensgeschichten meiner Kollegen bekannt. Kyle Hammond, berühmt dafür, dass er Mrs Powys, der Englischlehrerin, heimlich von hinten die Haare abzuschneiden versucht hat, Natasha Leeming, die letzte Woche dabei erwischt wurde, wie sie mitten in der Mathestunde eine Ecstasy-Tablette schluckte, und Natalie Greenhalgh, deren Spezialität es ist, sich im Unterricht die Haare zu fönen.

„Es sind wirklich nette Kinder dabei. Viel Glück!“, wünscht mir Miss Miller, und insgeheim wünsche ich ihr Hals- und Beinbruch für ihren kommenden Ski-Urlaub, und zwar im wahrsten Sinne des Wortes.

Meine erste Stunde mit ihnen fällt dann auch noch auf die letzte Schulstunde am Freitag. Während die ersten vier Schulstunden am Vormittag noch erträglich sind, sind so kurz vor dem Wochenende die meisten nur noch zum Ausmalen fähig.

Am Abend vorher stehe ich lange vor meinem Spiegel und übe meinen grimmigsten und gemeinsten Blick. „Setzt euch! Haltet die Klappe!“, schreie ich mein Spiegelbild an. „Keine Widerrede!“

Ich lächle ermutigt – das sah wirklich furchterregend aus.

Am nächsten Morgen warte ich dann in meinem Klassenzimmer auf das Schlimmste. Einer nach dem anderen tritt ein, begrüßt mich mit *„Hello Miss Terminator“*, und ich starre mit meinem strengsten Gesichtsausdruck zurück. Nur keine Schwäche zeigen. In einer Stunde ist alles vorbei, ich habe alles im Griff, es wird alles gut.

„Wie viele Zöpfe kann man denn aus Ihren Achselhaaren flechten?“, ist dann die erste Attacke eines Mädchens in der letzten Reihe, das sich lässig in seinem Stuhl zurücklehnt. In

England geht das Gerücht um, deutsche Frauen würden sich nicht rasieren.

Jetzt ist Miss Millers Ignorier-Taktik erforderlich. Ich tue so, als hätte ich nichts gehört, und stelle mich der Klasse stattdessen vor.

„Sie kommen aus der Nähe von Dortmund? Borussia Dortmund?“, fragt mich der berühmt-berüchtigte Kyle, der mich mit seinen Segelohren und fransigen Haaren frech angrinst. „Cool!“

„Wieso, warst du schon mal dort?“

„Nein, aber ihr habt schon Mal gegen Manchester United gewonnen. Ich *hasse* Manchester United!“ Ein Pluspunkt für mich.

„Miss, warum sind Sie eigentlich nicht nach Spanien gezogen?“, fragt ein anderes Mädchen.

„Nach Spanien? Warum sollte ich denn nach Spanien ziehen?“

„Alle Leute, die ich kenne, wollen gerne nach Spanien ziehen.“

„Aber ich mag England eigentlich lieber.“

„Hm.“ Sie schaut mich an, als sei ich nicht ganz richtig im Kopf, dreht sich um und streitet dann mit ihrer Freundin weiter darüber, ob roter oder rosaner Lippenstift ihr besser stehen würde.

Doch dann öffnet die berühmte Natasha Leeming den Mund.

„Mein Vater hat gesagt, die Deutschen hätten überhaupt keinen Humor.“

„Also, so kann man das ja nun auch wieder nicht sagen –“ Ich suche angestrengt nach einer geistreichen Bemerkung, aber mir fällt beim besten Willen nichts ein. Jemandem Humorlosigkeit vorzuwerfen ist für Briten die schlimmste Beleidigung überhaupt.

„Kennen Sie denn nicht wenigstens irgendeinen Witz, Miss?“

Die Klasse schaut mich gespannt an, und ich fühle mich, als laste der Ruf ganz Deutschlands auf meinen Schultern.

„Also –". Zum allerersten Mal in dieser Stunde ist es mucksmäuschenstill im Klassenzimmer.

Irgendein blöder Witz muss doch wohl selbst mir einfallen.

Ich überlege hin und her, spüre, wie mir langsam der Schweiß ausbricht, und fühle mich, als hätte ich jegliche Erinnerung verloren.

Dann, in einer genialen Eingabe, fallen mir das Weihnachtsessen und Grandpa Arthur ein.

„Ja, also, was isst ein Schneemann zum Frühstück?" Ich erinnere mich an das schallende Gelächter beim Weihnachtsessen und lege eine bedeutungsvolle Pause ein.

Die Klasse sitzt weiterhin gespannt in völliger Stille. Ich fahre fort.

„Schneeflocken."

Nicht mal ein einziges unterdrücktes Lachen ist zu hören. Gar nichts.

„Er isst Schneeflocken!", wiederhole ich, schaue auf und sehe, wie die Kinder sich stirnrunzelnd angucken. Schließlich meldet sich Natasha zu Wort.

„Scheint, mein Vater hat wohl doch Recht gehabt!"

Ich bemerke die ersten feindseligen Blicke. Die kurze Ruhepause, in der die Kinder überlegen, wie sie weiter vorgehen werden, nutzte ich, um endlich die Stunde zu beginnen.

„Wir werden heute über das deutsche Schulsystem reden."

„Bor-ing!Bor-ing!", ruft Kyle, aber ich rede unbeirrt weiter und erkläre ihnen den normalen deutschen Schultag.

„Und um eins geht man nach Hause."

„Nach Hause? Und was dann?"

„Nichts dann. Dann ist frei."

„Frei?"

„Wie, um *ein* Uhr?"

„Das ist nicht fair! Warum müssen wir bis halb vier in der blöden Schule hocken?"

„Not fair, not fair, not fair!", schreit Kyle.

Die gesamte Klasse entscheidet sich spontan, sofort nach Deutschland auszuwandern. Sie haben sich entschlossen: Deutschland hat auch seine guten Seiten. Und ich beschließe, auch die 10 A ist gar nicht so schlimm und hat ihren ganz eigenen Charme. Nicht genügend jedoch um meinen Vorsatz zu ändern, so bald wie möglich zu kündigen.

Die Kündigungsfrist ist jeweils das *End of Term*, das Frühlings-Trimester hat gerade erst angefangen, also werde ich bis zu den Osterferien auf jeden Fall bleiben müssen. Wenn ich mich nicht beeile, sogar bis zum Sommer. Am gleichen Nachmittag noch klopfe ich an Miss Millers Tür und teile ihr meinen Beschluss fest.

„Ach, waren sie so schlimm?"

„Wer, die 10 A? Nein, sie waren nett."

„Wirklich? Und warum willst du dann plötzlich kündigen?"

Ist sie wirklich überrascht? Ich würde ihr am liebsten die Wahrheit sagen, nur dieses eine Mal, beiße mir aber auf die Zunge und antworte: „Ich habe einfach die Nase voll."

„Ach, das ist schade, wir werden dich *so* vermissen!" Sie verzieht das Gesicht, als wäre sie wirklich untröstlich. „Aber kein Wunder, bei *den* Klassen, die du hast! Da hätte ich auch gekündigt. Bist du sicher, du willst dir das nicht noch einmal überlegen?"

März

„Nein, Mum, du kannst sagen, was du willst, ich komme nicht mit."

Elli läuft in ihrem Zimmer auf und ab und spricht ungeduldig in den Telefonhörer hinein.

„Du hast doch bestimmt Hunderte von Bekannten, die nichts lieber tun würden, als dort mal hinzugehen."

Elli hört schweigend zu, dann nickt sie verärgert.

„Na, eigentlich überrascht mich das gar nicht. Wenigstens haben sie Geschmack."

Als sie das Gespräch beendet, ist Elli sauer.

„Stell dir mal vor, jetzt will sie mich nach Buckingham Palace mitschleppen!"

„Na ja, den muss man sich doch schon mal angeguckt haben", versuche ich sie zu besänftigen.

„Nein, nein, du verstehst nicht." Sie fährt sich fluchend durch die Haare.

„Ich soll mit zur Queen. Ich soll die Queen treffen und am Festmahl teilnehmen. Als ob –"

„Die *Queen?*", unterbreche ich sie. „Die richtige Queen, Königin Elizabeth?"

„Königin Elizabeth die Zweite", wiederholt Elli verächtlich. „Genau die. Und jetzt weint Mum, weil ich mich weigere, mitzukommen."

Der Gedanke, sich darüber zu streiten, ob man ein Festmahl mit der Queen einnehmen soll oder nicht, kommt mir so absurd vor, dass ich erst mal nur lache.

„Witzig finde ich das eigentlich gar nicht", bemerkt Elli darauf gekränkt und erklärt mir dann immer noch sehr aufgebracht die folgende Situation.

Eileen, Ellis Mutter, arbeitet schon seit über dreißig Jahren als Gefängnisaufseherin und kümmert sich dabei besonders um alkohol- und drogensüchtige junge Kriminelle. Selbst nach deren Entlassung bleibt sie oft mit ihnen in Kontakt und hilft ihnen bei der Wohnungs- und Jobsuche. Dafür soll sie jetzt von der Queen mit einem MBE, das heißt mit einem britischen Verdienstorden, ausgezeichnet werden. Der ist zwar noch einige Stufen unter dem Ritterschlag, dessen Empfänger sich anschließend Sir oder Lady nennen dürfen, aber immerhin wird man zum *Member of the British Empire* ernannt. Dass es eigentlich gar kein britisches Empire mehr gibt, scheint niemanden zu stören. Ausgezeichnet werden jedes Jahr eine kleine Auswahl von Leuten, die einen großen Beitrag zur Wohlfahrt des Vereinigten Königreiches geleistet haben, und zwar in einer feierlichen Audienz im Buckingham Palace, bei der ihnen die Queen persönlich eine Medaille überreicht.

Ich bin höchst beeindruckt. Und selbst einer so ausgeprägten Monarchie-Gegnerin wie Elli hätte ich nicht zugetraut, überhaupt kein Interesse an einem solchen Abenteuer zu zeigen. Wenigstens könnte sie ihre Mutter des Festessens wegen begleiten, so würde ich das jedenfalls sehen. Doch noch als ich das denke, höre ich die Musik, die gerade aus Ellis Zimmer dröhnt: „God Save the Queen" – von den Sex Pistols.

„Du gehst also auf keinen Fall mit?"

„Niemals."

Ich bin ziemlich enttäuscht, denn schließlich hatte ich mich schon auf den neusten Klatsch und Tratsch direkt aus dem Palast gefreut.

„Und deine Mutter kann sonst niemanden finden, der mitkommen will? Das kann doch nicht wahr sein."

„Grandma ist im Krankenhaus, Grandpa geht's auch nicht gut, und die anderen Verwandten haben keine Lust, deshalb eine solche Weltreise in den tiefen Süden anzutreten. Dafür müssten sie schon persönlich von Prinz William per Kutsche abgeholt werden. Nur ihr Nachbar, Mr Thomson, hat zugesagt.

Aber sie hat Karten für zwei Gäste und will natürlich nicht eine in den Müll werfen."

„Vielleicht kann sie die Karte bei eBay versteigern. Stell dir vor, wie viel Geld irgendein steinreicher amerikanischer Tourist für so eine Gelegenheit bezahlen würde!"

„Nein, nein, das geht nicht. Da gibt es bestimmt irgendein Gesetz gegen." Dann verzieht sich Ellis düsterer Blick plötzlich in ein Lächeln.

„Ich hab's!"

Ich schaue sie erwartungsvoll an.

„Weshalb mir das nicht vorher eingefallen ist!"

„Was denn? Spuck's schon aus."

Sie grinst mich von der Seite an und sagt dann beschwörend:

„Du! Du wärst die ideale Begleitung! Meine Mutter war Weihnachten ganz begeistert von dir, weil du anders als wir so viel beim Kochen mitgeholfen hast, und außerdem besteht bei dir anders als bei Granny und Grandpa nicht die Gefahr, dass du während des Festmahles einschläfst."

„Fest versprechen kann ich das auch nicht", sage ich nachdenklich.

„Oh, und die Royals sind sowieso alle mehr oder weniger deutsch, da passt du gut dazu. *House of Hannover* und so weiter."

Ich kann Ellis Idee gar nicht so ganz ernst nehmen, schließlich kenne ich Ellis Mum dann doch nur sehr flüchtig, und wieso sollte sie gerade mich zu ihrer Ehrung in den Palast mitnehmen. Aber verlockend ist der Gedanke schon. Bis auf die *Garden Partys*, die die Queen jedes Jahr in den Parkanlagen des Palastes gibt und zu denen jeweils 8000 Briten aller Klassen und Berufe eingeladen werden, hat man sonst als Normalbürger niemals die Chance, in Anwesenheit der Queen in das Innere des Palastes zu kommen. In den Sommermonaten, die die Königin in ihrer schottischen Residenz, in Balmoral Castle, verbringt, sind zwar einige Räume für einen unverschämt hohen

Eintrittspreis zu besichtigen, aber natürlich ohne die Anwesenheit der Hauptdarstellerin.

„Also? Was hältst du davon?"

Sich für die Royals zu interessieren, ist nicht etwas, was eine Durchschnitts-Engländerin meines Alters so schnell eingestehen würde, aber ich finde, eine Einladung in den Buckingham Palace kann man nicht so einfach ausschlagen. Das Königshaus ist und bleibt nun mal, ob man es mag oder nicht, ein wichtiger Bestandteil Großbritanniens. Die Regierung? *Her Majesty's Government.* Die Post? *Royal Mail.* Die Armee? *Royal Navy, Royal Air Force* und *Royal Artillery.* Gefängnisse? *Her Majesty's Prisons*! Und auf jedem Brief, den man abschickt, prangt auf der Briefmarke das weltweit bekannte Profil der Königin.

„Klar bin ich dabei!"

„Dachte ich mir schon fast. Ich verstehe zwar nicht, weshalb so viele Ausländer von unserer Queen so fasziniert sind, aber wahrscheinlich liegt es einfach daran, dass ihr selber keine mehr habt und euch deshalb die Zeremonien und der ganze Prunk noch exotischer vorkommen. Wenn ihr selber mit euren Steuern das Leben dieser Familie mitfinanzieren müsstet, würdet ihr sie wohl auch mit anderen Augen sehen."

Elli zögert nicht lange, bevor sie die Nummer ihrer Mum wählt und der ihren grandiosen Einfall mitteilt. Ich stehe gespannt neben ihr am Telefon. Dann kommt die Bestätigung: Ellis Mutter ist von der Idee tatsächlich angetan. Ich werde also in drei Wochen im Buckingham Palace die Queen treffen!

Mein Ansehen bei Elli ist dank meiner Begeisterung leicht geschrumpft, dafür ist sie aber umso dankbarer, nicht selber im Königspalast erscheinen zu müssen und jede Selbstachtung zu verlieren.

Und in der kommenden Woche fange ich an zu verstehen, weshalb. Denn es geht ums Outfit. Und da ich bisher weder jemals an einer königlichen Festlichkeit teilgenommen noch mich sonstwie für die Aristokratie interessiert habe, habe ich keinerlei Ahnung, was man an so einem Tag trägt.

„Na halt Kleider, wie die Queen sie selbst immer an hat. Du weißt schon, babyrosa, 40er-Jahre-Look, Gesundheitsschuhe ...", meint Elli.

„Und auf jeden Fall blauen Lidschatten."

„Ich will doch nicht wie die Queen aussehen, sondern wissen, was man bei einem Besuch bei ihr trägt."

„Das ist ein und dasselbe. Und ohne Hut darfst du dort auf keinen Fall auftauchen."

„Hut?"

Langsam fange ich an, mir Sorgen zu machen. Bis zum nächsten *Pay Day* ist es noch lange hin, und viel Geld ist nicht auf meinem Konto. Für ein mehrere hundert Pfund teures Designer-Outfit fehlen mir die Mittel. Die Lösung? Natürlich Felice. Als stilvoller Italiener, und Kleidungsverkäufer noch dazu, wird er sicherlich wissen, wo ich ein geeignetes Gewand ersteigern kann.

„*Mamma mia,* Anna, die Queen! Da müssen wir uns etwas ganz Besonderes einfallen lassen." Er läuft lange eine Zigarette nach der anderen rauchend in seinem Zimmer auf und ab, redet auf Italienisch vor sich hin und zieht dann ein paar 70er-Jahre-Hosen und Plateauschuhe aus seinem Schrank.

„Ich gehe doch nicht auf eine Retro-Party, ich gehe in den Buckingham Palace!"

Felice findet ein ungeeignetes Kleid nach dem anderen, bis ich den Glauben an seine Urteilskraft verliere und ihm erkläre, dass ich mich doch erst mal in der Oxford Street umgucken werde.

Zusammen mit meiner Kollegin Maddie ziehe ich am nächsten Samstag in aller Frühe los, in der Absicht, nicht ohne Königspalast-taugliches Outfit nach Hause zu kommen.

Selbst um neun Uhr morgens brodelt die Oxford Street schon voller Betriebsamkeit: Die ersten Einkäufer drängeln sich an gestressten Büroarbeitern auf dem Weg zur Arbeit vorbei, Jugendliche drücken Passanten Werbeblätter für Englisch-Sprachkurse in die Hand und die schwarzen Taxis und Doppeldeckerbusse schieben sich im Zeitlupentempo zwischen den Menschenmassen voran. Es gibt die gleichen Geschäfte wie in jeder anderen europäischen Großstadt, aber in London ist alles dreimal so groß wie in anderen Citys. Schon allein sich durch H&M durchzuarbeiten, kostet uns weit mehr als eine Stunde, und als ich mal wieder erfolglos aus der Umkleidekabine zurückkehre, überkommt mich langsam ein Panikgefühl. Nächste Woche schon ist der große Tag und ich habe noch nicht mal ein Kleid, von Schuhen und Hut gar nicht zu reden.

Ich probiere sämtliche Kollektionen aller Läden der Oxford Street an, doch Maddie schüttelt immer nur mit dem Kopf.

„Zu auffällige Farben."

„Nicht elegant genug."

„Zu kurz."

„Das sieht aus wie ein Müllsack."

Es lässt sich nicht ableugnen: Was auch immer ich anprobiere, ich sehe nicht mal ansatzweise aus, als würden mich die königlichen Guards so in den Palast hineinlassen.

Gegen drei Uhr gebe ich mit Tränen in den Augen auf und wir nehmen die U-Bahn Richtung Tufnell Park, wo sich Maddies Wohnung befindet.

„Was du brauchst, ist eine gute Tasse Tee", sagt Maddie bestimmt, als wir erschöpft in ihrer Küche sitzen.

Die englische Angewohnheit, jeden Tag um die acht Tassen Tee zu trinken und diesen dann auch noch mit Milch zu verdünnen, kommt den meisten Nichtbriten sehr merkwürdig vor. Wer will schon den delikaten Geschmack von Tee völlig mit Milch verdecken? Doch wer jemals englischen Tee ohne Milch getrunken hat, versteht sehr schnell, warum.

Für die Engländer ist eine Tasse milchigen Schwarztees das Wundermittel für seelische Probleme jeglicher Art. Du hast Liebeskummer? *Have a cup of tea.* Dir ist soeben gekündigt worden? *Have a cup of tea.* 200 Millionen Tassen werden in Großbritannien jeden Tag getrunken, was bedeutet, dass jeder Engländer durchschnittlich zwölf Tassen Tee trinkt – alle zwei

Stunden eine. Vielleicht liegt es an dem meditativen Schlürfen und der beruhigenden Wärme – was auch immer der Grund sein mag, die besten Ideen scheinen den Briten bei einer Tasse Tee einzufallen.

Und so muss Maddie auch nur ein paar Schlucke nehmen, bis sie den rettenden Einfall hat: Gleich um die Ecke gibt es einen riesigen Theaterverleih mit Hunderten von altmodischen Kleidern, Hüten und allem Drum und Dran.

In ein paar Minuten finden wir uns in einem modrig riechenden Laden wieder, dessen Besitzer uns über seine winzige Brille hinweg begutachtet. Ich berichte ihm von meinem Problem, worauf er uns bedeutet, ihm in den Hinterraum zu folgen. Dort steht eine kleiderbehangene Stange neben der anderen.

„Wir kleiden oft Ladys für königliche Anlässe ein, Sie sind also in den besten Händen, *Ma'am*."

Ma'am bin ich noch nie vorher genannt worden, und ich denke mir, dass jemand, der sich so vornehm ausdrückt, sicherlich Bescheid weiß in so Sachen wie königlichen Empfängen. Er holt dann auch zielsicher gleich mehrere Outfits heraus, die, so bin ich mir sicher, ich schon in einigen Jane-Austen-Verfilmungen gesehen habe.

„Zieht man denn so was tatsächlich bei solchen Gelegenheiten an?", frage ich unsicher.

„Of course, Ma'am."

Gleich das erste Kleid, das ich anprobiere, ist nicht schlecht. Dank der Rüschen und des Rauscherockes fühle ich mich wie ein Extra aus „Drei Nüsse für Aschenbrödel". Und einen tollen Hut gibt es gleich passend dazu.

„Wie sehe ich aus?"

In dem Halbdunkel des Raumes kann man nicht viel sehen, aber Maddie meint, erkennen zu können, dass es genau das richtige Outfit für meine Bedürfnisse sei. Der Besitzer findet noch ein paar dezente, aber elegant aussehende Schuhe dazu, und dann gebe ich ihm eine Vorauszahlung und reserviere alles für den 17. März. Es ist geschafft!

Das Ganze kostet mich 80 Pfund, wofür ich in einigen Geschäften gleich vier Kleider hätte kaufen können, aber wenigstens werde ich in angebrachter Garderobe im Buckingham Palace erscheinen.

Und ich komme noch billig weg, denn Eileen, so berichtet sie mir aufgeregt am Morgen des 17., hat ganze 200 Pfund für ihr Kostüm ausgegeben, ein Drittel ihres Monatgehaltes.

Aber dafür sieht sie jetzt auch haargenau wie Camilla aus, worauf ihr Nachbar und Begleiter, Mr Thomson, sie stolz hinweist. Die beiden haben den Frühzug von Manchester nach London genommen und stehen jetzt strahlend vor unserer Haustür.

Elli amüsiert sich köstlich über mein Outfit, das ich am Vortag vom Theaterverleih abgeholt habe.

„Du siehst aus, als wärest du gerade einem Charles-Dickens-Roman entstiegen!“ Ich fühle mich eher, als wäre ich auf dem Weg zum Rosenmontagszug, aber verglichen mit Mr Thomson, der in Frack, Fliege und Zylinder gekleidet ist, sehe ich noch dezent aus.

„Meint ihr nicht, eure Garderobe ist ein bisschen übertrieben?“, fragt Elli.

„Im königlichen Palast kann man niemals fein genug aussehen“, entgegnet Mr Thomson, doch ich bekomme auch langsam einige Zweifel, die sich bestätigen, als uns das Taxi eine halbe Stunde später vor Buckingham Palace absetzt.

Hunderte von anderen Gästen warten schon vor den Toren auf Einlass, und zu meinem Schrecken sind alle normal gekleidet. In normalen Kleidern von normalen Geschäften wie Marks and Spencer oder C&A.

„Und woher kommen Sie?“, spricht mich die Frau neben uns an.

„Ich mag Ihr Kostüm, sehr exotisch! Lassen Sie mich raten: Bulgarien? Lettland?“

Eileen unterdessen wird immer nervöser und fragt zum hundertsten Mal, ob ihr Hut noch richtig sitzt.

Und dann bemerkt sie etwas, was ihr die letzte Farbe aus dem Gesicht vertreibt.

„Wieso ist eigentlich die königliche Flagge nicht gehisst? Wenn die Queen hier ist, weht doch sonst immer die Fahne über dem Palast?"

„Vielleicht musste sie noch schnell einkaufen fahren", murmelt Mr Thomson, aber Eileen ist nicht zu Späßen aufgelegt.

„Entschuldigung, Sir", spricht sie die Leute neben uns an. „Ist die Queen etwa noch gar nicht anwesend?"

Die sehr vornehm aussehende Lady zu unserer Rechten lächelt überheblich.

„*Of course not.* Wissen Sie denn nicht, dass die Queen heute die Commonwealth-Spiele in Australien eröffnet? So schnell kann selbst unsere Monarchin nicht fliegen, dass sie rechtzeitig wieder hier sein könnte."

Für Eileen bricht eine Welt zusammen.

„Das kann doch wohl nicht wahr sein, da schaffe ich es einmal in den Palast und die Alte hält es nicht mal für notwendig, anwesend zu sein." Die anderen Gäste starren uns entgeistert an bei dieser etwas ordinären Bemerkung, aber Eileen lässt sich nicht einschüchtern. Den ganzen Morgen hat sie sich bemüht, so vornehm wie möglich zu erscheinen, und jetzt das! „Wenn ich das gewusst hätte, hätte ich nicht meinen ganzen Lohn für diesen Tag ausgegeben. Dass man mir das aber auch nicht früher mitteilen konnte."

Ich bemühe mich, sie mit dem Gedanken an das kommende Festmahl zu trösten, und überhaupt, so versuche ich sie zu überzeugen, sei es doch trotzdem toll, einfach mal in den Palast reinzukommen. Aber Eileen ist geknickt.

Die Lady von vorher ergreift wieder das Wort.

„Prinz Charles wird die Ehrungen übernehmen, also ganz leer gehen Sie nicht aus."

Pünktlich um elf Uhr öffnen sich schließlich die riesigen Tore vor Buckingham Palace und die Menge bewegt sich langsam auf den Innenhof des Palastes zu. Die Guards mit ihren

Bärenpelz-Hüten starren genauso desinteressiert wie immer vor sich hin, während Sicherheitsbeamte unsere Pässe und Einladungskarten zur „Investitur“ prüfen und alles von japanischen Touristen gefilmt wird. Doch die müssen draußen bleiben.

Eileen und die anderen Ehrengäste werden in einen speziell für sie vorbehaltenen Raum gebeten, während Mr Thomson und ich uns den anderen Normalbürgern zugesellen und in einen großen Saal mit riesigen Kronleuchtern und rotem Teppich eintreten. Die Decke ist höher als unser vierstöckiges Haus in Primrose Hill.

„Muss ziemlich teuer sein, das hier zu heizen“, bemerkt Mr Thomson.

Auf einem Balkon spielt ein Streichquartett und uniformierte Offiziere prüfen unsere Einladungen und weisen uns dann zu unseren Sitzplätzen. Die roten, samtbezogenen Stühle sehen so wertvoll aus, dass ich mich kaum traue, mich hinzusetzen.

Mr Thomson ist auch ganz still geworden, und wir warten andächtig auf den Beginn der Feier. Ich schaue mich nach Berühmtheiten um, denn schließlich zeichnet die Queen mit Vorliebe auch Sportler, Musiker und Schauspieler aus, doch bis auf einen Mann vor mir, der wie ein entfernter Verwandter von Mr Bean aussieht, erkenne ich niemanden. Ob ich noch schnell einen Toilettenbesuch einschieben kann? Wer weiß, wie lange diese Ehrungen dauern.

„Where is the Ladies, please? Wie kommt man bitte zur Toilette?“, frage ich einen der Guards.

Er antwortet nicht, sondern weist mit seiner Mütze in Richtung eines kleinen Ganges. Die marmorgefliesten Toiletten sind so sauber, dass man ohne Bedenken vom Fußboden essen könnte. Ob dies die vornehmsten Toiletten ganz Britanniens sind? Ich schicke schnell eine SMS an Elli: „Bin im Klo von B.Palace. Sehr schick!“

Als ich auf meinen Platz zurückkehre, merke ich mit Schrecken, dass Mr Thomsons Kinn immer weiter nach vorne fällt. Ich stoße ihn vorsichtig an.

„Charles kommt jetzt jeden Moment."

Tatsächlich tritt endlich der Zeremonienmeister auf das Podium und das Quartett spielt die Nationalhymne.

„Please stand for our Royal Highness, the Prince of Wales!"

Es wird still, dann springen alle auf, während Charles hinter einem Vorhang hervorkommt und ungeschickt auf das Podium steigt.

„Oh, Ladies and Gentlemen. Yes. Thank you, thank you. Bitte setzen Sie sich."

„Isn't is exciting?" Mr Thomson kneift mir in den Arm.

„Ja, wirklich sehr aufregend."

Die erste Frau tritt für ihre Ehrung auf das Podium, knickst vor Charles, schüttelt ihm die Hand und redet eine Weile mit ihm. Dann der Nächste. In einer endlosen Prozession zieht eine Person nach der anderen an uns vorbei, um ihre Medaille in Empfang zu nehmen. Nachdem sich die erste Aufregung, im gleichen Raum wie Prinz Charles zu sein, gelegt hat, fange ich mich an zu fragen, wann es denn nun endlich das Festmahl gibt. Mein Magen knurrt so laut, dass ich fürchte, der ganze Saal könnte es hören, und meine Angst bestätigt sich, als beim nächsten Knurren sogar der Prinz in meine Richtung schaut.

„Weißt du, weshalb Charles auf keinen Fall König werden kann?", flüstert mir Mr Thomson zu.

Ich schüttele den Kopf.

„Weil es keine Banknoten gibt, die groß genug wären für auch nur eines seiner Ohren!" Er lacht laut auf und unsere Platznachbarn werfen uns böse Blicke zu.

Doch nach über einer Stunde dieser Ehrungen geht selbst den Geduldigsten im Saale die Konzentration aus. Die einzige Abwechslung besteht aus einem offensichtlich etwas kurzsichtigen Mann, der beim Heruntersteigen vom Podium die Stufe verfehlt und eine Bauchlandung vor einem der Palastangestellten macht.

„War Eileen schon an der Reihe?“, fragt Mr Thomson mich alle zehn Minuten.

Und dann endlich, nach scheinbar stundenlangem Warten, erscheint Eileens rosafarbener Hut, der so groß ist, dass sie darunter fast ganz verschwindet. Mit ihren kurzen Beinen und dem langen Kleid hat sie Schwierigkeiten, die Stufen hinaufzuklettern, schafft es dann aber doch, knickst gleich dreimal vor Charles und nimmt ihre Medaille entgegen. Innerhalb von drei Minuten ist alles vorbei und der Nächste tritt heran.

Mr Thomson stößt mir aufgeregt in die Seite und sagt etwas zu laut:

„Das war unsere Eileen! Sah sie nicht *umwerfend* aus!“

Als sie beim Herausgehen in unsere Richtung blickt, winkt er ihr aufgeregt zu: *„Eileen! We're here!“*

Der Mann in der Reihe vor uns dreht sich verärgert zu uns um und hält einen Finger vor den Mund.

„Ach, was sind das alles für aufgeblasene Wichtigtuer hier“, flüstert Mr Thomson mir zu. „Kaum sind sie in der Gesellschaft von Adligen, denken sie, sie wären selbst blaublütig.“

Als bodenständiger Nordengländer, der seit seiner Kindheit in der gleichen Straße wohnt und als Postbote arbeitet, ist Mr Thomson von dem Prunk an dem heutigen Tage nicht besonders beeindruckt. Aber auf das Essen freut er sich trotzdem.

Als endlich die letzte Person dem Prinzen die Hand geschüttelt und der unter einem erneuten Aufspielen der Nationalhymne den Saal verlassen hat, erheben wir uns und folgen den anderen Gästen zum Ausgang.

„Bei solchen Festmahlen gibt es an die zehn Gänge, habe ich gehört. Zuerst Hummer und Lachs in Weißweinsauße, dann Wildschweinfilet mit Pellkartoffeln ...“ Während Mr Thomson ein exotisches Gericht nach dem anderen aufzählt, treten wir auf einen der riesigen Korridore des Palastes hinaus, der allein schon Platz genug für mehrere Fußballfelder bietet. Hier treffen wir auf die Ordensempfänger und nach einigem Geschiebe arbeiten wir uns bis zu Eileen hervor.

„Er war ja *so* charmant“, wiederholt sie nur immer wieder.

„Was hat er denn zu dir gesagt?“

„Ich weiß es nicht.“

„Du weißt es nicht? Du musst doch wissen, was er gesagt hat!“, stellt Mr Thomson fest, aber Eileen zuckt nur mit den Schultern.

„Ich war viel zu aufgeregt, um richtig zuzuhören. Ich glaube, er hat gesagt, dass er meine Radiosendungen schon seit Jahren bewundert.“

„Radiosendungen?“, frage ich erstaunt.

„Ich glaube, er dachte, ich sei Alice O'Reilly von Radio One.“

„Alice O'Reilly ist doch gerade mal 25, wie kann er euch beide denn verwechseln?“, fragt Mr Thomson.

„Ich weiß, deshalb bin ich ja so glücklich.“

Wir folgen den aufgeregt plaudernden Gästen den Korridor hinunter, während Eileen uns glücklich zum hundertsten Male erzählt, wie nett Charles sie angelächelt habe.

Wir gehen eine große Treppe hinab und gelangen dann auf den weiten Innenhof, von dem aus man die Tore zur Pall Mall sieht. Die anderen Gäste verstreuen sich, alle machen Fotos.

„*Excuse me*, wissen Sie, in welchem Raum das Festmahl stattfindet?“, fragt Mr Thomson einen selbst etwas verloren wirkenden Gentleman, der alleine auf dem Platz auf- und abläuft.

„Festmahl? Ja, da fragen Sie wohl am besten die Queen.“ Die Frage scheint ihn köstlich zu amüsieren.

Eileen und Mr Thomson werfen sich verärgerte Blicke zu.

„Und was soll das heißen?“

Eileen tritt entschlossen auf einen der Wächter im roten Frack mit großem Bärenpelz-Hut zu.

„Wissen *Sie* zufällig, wo das Festmahl stattfindet?“

Der Wächter zuckt weder mit der Wimper noch schaut er auch nur für eine Sekunde in Eileens Richtung.

„Ich glaube nicht, dass die während ihres Dienstes reden dürfen, Eileen“, werfe ich ein, worauf Eileen ihn energisch am Ellbogen packt.

„Excuse me, ich habe Sie etwas gefragt!“ Der Wächter starrt weiter unbewegt vor sich hin, während ein Sicherheitsbeamter schnell auf Eileen zuläuft.

„Madam, ich sehe, Sie haben ein Problem?“

„Yes, mein Magen knurrt, und ich möchte wissen, wo und wann das Festessen serviert wird.“ Und mit einem Lächeln fügt sie hinzu: „Ich habe nämlich heute von Prinz Charles einen Orden erhalten, wissen Sie.“

„Ich weiß leider nicht, wovon Sie reden, Ma'am, die Feierlichkeiten zur Ordensverleihung sind beendet, fürchte ich.“

„Aber mir wurde erzählt, es gebe anschließend ein festliches Bankett.“

Aus den Augenwinkeln sehe ich, wie eine Gruppe von Gästen nach der anderen durch die Tore nach draußen geht. Ich frage mich, wie Eileen jemals darauf kommen konnte, dass wir gleich noch zum Lunch mit dem Prinzen eingeladen wären.

„*I'm very sorry, Ma'am,* aber die Festlichkeiten sind beendet. Ich fürchte, Sie müssen den Palast jetzt verlassen.“

Als wir schließlich zu dritt wieder vor den Toren inmitten der Horden von Touristen stehen, ist die Stimmung gedrückt.

„*Du* hattest erzählt, es gäbe bei solchen Gelegenheiten immer anschließend ein Bankett!“

„Nein, Eileen, *du* hast *mir* von Anfang an erzählt, du wärest zur Ehrung und zum anschließenden Festessen eingeladen. Wieso hätte ich das anzweifeln sollen? Stimmt das nicht, Anna?“

Ich füge diplomatisch hinzu, dass ich es für normal gehalten hätte, bei einer solchen Gelegenheit wenigstens ein paar Snacks zu bekommen.

„Wenn man bedenkt, dass wir mit unseren Steuern zum Einkommen der Royals beitragen, könnten sie ruhig ein bisschen großzügiger sein.“

„Jetzt fang bloß nicht wie Elli an. Es ist ja schon nett genug, dass wir überhaupt eingeladen waren.“

„Ja, aber die Queen haben wir auch nicht gesehen. Keine Königin und nicht mal ein Sandwich. Ich fühle mich betrogen.“

Um den Tag noch zu retten, beschließen wir, in ein billiges, aber nettes Restaurant in der Baker Street zu gehen. In unserer komischen Aufmachung werden wir in der U-Bahn selbst von den sonst sehr abgebrühten Einheimischen etwas misstrauisch gemustert. Ein kleines Kind, offensichtlich gerade auf dem Weg zum Sherlock-Holmes-Museum, fragt seine Mutter, ob es sich bei Mr Thomson um Dr Watson halte.

„Aber nein, Kind, das ist nur ein Schauspieler, der sich so verkleidet hat, der echte Dr Watson ist schon lange tot."

Die Tapas-Bar, in der wir unsere knurrenden Mägen endlich beruhigen, ist zwar weit entfernt vom Thronsaal im Buckingham Palace, aber wenigstens ist sie auch ein bisschen lebendiger. Wir teilen uns einen langen Tisch mit mehreren anderen Gruppen von Südamerikanern, Franzosen, Australiern und Briten, die alle angeregt in ihren verschiedenen Sprachen weiterreden, als wir uns zu ihnen setzen.

Nach einigen Gläsern Wein ist auch Eileen wieder besser aufgelegt und unterhält bald alle Völkergruppen an unserem Tisch mit Berichten von ihrer heutigen Ehrung. Die, je mehr sich die Weinflasche leert, immer fantastischer klingen.

„Und dann sagt Charles zu mir: ‚Mrs Butcher, gestern noch habe ich mit Camilla über Ihre Arbeit mit jungen Menschen, die auf die schiefe Bahn geraten sind, geredet, und Camilla ...'"

Am Ende ihrer langen Erzählung seufzt sie. „Aber die Queen selber hätte ich doch auch so gern mal persönlich kennengelernt."

April

Der Frühling ist gekommen und es wird sogar richtig warm; über 20 Grad ist es am ersten Aprilwochenende und von Aprilschauern weit und breit keine Spur.

„*Nice weather, isn't it?*", frage ich also Miss Miller zur Begrüßung, ganz so, wie wir es damals im Englischunterricht gelernt haben.

„*Well,* quite *nice, yes.*"

„*It is actually.*"

„*It is. Absolutely.*"

„*Isn't it?*"

„*Oh it is.* Aber wie lange das wohl anhält?"

Der schlechte Ruf, den das englische Wetter im Ausland hat, ist eigentlich unverdient. Natürlich regnet es relativ oft, doch nicht häufiger als in München, Köln oder Paris. In London und dem Rest Südostenglands gibt es sogar regelmäßige Trockenperioden, in denen der Wasserverbrauch stark eingeschränkt wird. Nur *reden* die Engländer mehr über das schlechte Wetter als andere Völker. Wenn es nicht zu nass ist, ist es zu heiß, zu trocken oder zu windig. Und wenn es dann mal einfach perfekt ist, so wie heute, dann ist das einfach unerträglich und man klagt stattdessen über die unvermeidliche Kurzlebigkeit dieser Schönwetterphase und die Regenwolken, die sich mit Sicherheit bald am Horizont zeigen werden.

„Ich habe gehört, morgen soll es schon ganz anders werden", fügt Miss Miller dann auch schnell hinzu. Doch sie hat Unrecht. Es kommt und kommt kein Regen und die Blumen sprießen um die Wette.

Und schönes Wetter plus Osterferien bedeutet: Besuch aus Deutschland. Wobei leider nicht die Rede von Freunden und

Verwandten ist, deren Besuch mich natürlich immer hoch erfreut, sondern von der immer länger werdenden Liste von Leuten, die mir von meinen Freunden im Laufe des Jahres vorbeigeschickt werden.

„Entschuldige, aber meine kleine Cousine aus Cuxhaven ist übernächstes Wochenende in London und sie ist ja Studentin und hat gar kein Geld, kann sie wohl ein paar Nächte bei dir übernachten?"

„Mein Nachbar ist demnächst eine Woche in London und weiß nicht, was er allein alles unternehmen kann. Kannst du dich ein bisschen um ihn kümmern?" Was ich natürlich alles trotz der Enge meines Zimmers schlecht ausschlagen kann.

Und so soll heute um ein Uhr Karmen, die Freundin meines Bekannten Stefan, bei mir eintreffen, der mir vergewissert hat, dass sie sehr umgänglich sei und mir sicherlich keine Probleme bereiten werde. Um halb zwei klingelt mein Telefon: Karmen wartet an der Chalk Farm Tube Station auf mich.

Bis auf eine kurze Klassenfahrt vor vielen Jahren, erzählt sie mir auf dem Heimweg, war sie noch nie in London, und ist jetzt ganz hingerissen von den schönen Häusern und der Atmosphäre. Die Kirschbäume, die die Straße säumen, sind in voller Blüte und trotz noch kühlen 18 Grad sitzt ganz Primrose Hill draußen vor den Häusern und Cafés, während die ersten Männer sich schon mit nacktem Oberkörper in den Biergärten sonnen. Morgen wird ganz London krebsrot sein.

Auch von meinem Zimmer ist Karmen trotz der Enge sehr angetan.

„Das ist doch herrlich hier!", ruft sie aus und geht gleich auf den Balkon. „So schön altmodisch!" Sie zeigt auf den blümchengemusterten Teppich und den grünen Ohrensessel.

„Dieses ganze Retro-Mobiliar muss dich aber viel gekostet haben."

„Oh ja, ziemlich viel", pflichte ich ihr bei.

Nachdem sie sich von ihrer Anreise ausgeruht hat, zeige ich Karmen etwas von meinem Londoner Alltag. Und ein paar

Sehenswürdigkeiten natürlich, denn an denen kommt man in London beim besten Willen nicht vorbei. Schon der Weg zur U-Bahn-Station führt uns an den Häusern der Dichter Sylvia Plath und W. B. Yeats vorbei, die mit einer runden, blauen Plakette gekennzeichnet sind. Jude Laws Haus erwähne ich natürlich auch, obwohl der noch keine blaue Plakette an seinem Haus hat. Die gibt es erst nach dem Ableben.

„Können wir nicht wenigstens kurz durchs Fenster gucken?“, Karmen lässt sich kaum weiterbewegen.

Ich schaffe es, sie ins *Caff*, das englische Café in der Nähe der U-Bahn-Station, zu schleifen. In dem gibt es aber herzlich wenig Kaffee, sondern das berühmt-berüchtigte englische Frühstück, das man hier den ganzen Tag über essen kann.

Das englische Frühstück, bestehend aus Schinken, Spiegeleiern, Pilzen, Tomaten, gebackenen Bohnen, Würstchen und halbverkohlten Toastscheiben, zentimeterdick mit Butter beschmiert, wird von den meisten Engländern zum Glück nur am Wochenende gegessen. Dafür wird es aber dann aber auch in vollen Zügen genossen, entweder zu Hause selbst gekocht oder halt wie hier im *Caff*, in dem die verschiedensten Varianten des *Breakfast* serviert werden: vegetarisch, mit oder ohne *black pudding*, der allerdings nichts mit Pudding zu tun hat, sondern aus Blutwurst besteht, oder mit *Bubble-and-Squeak*, einem Kartoffel- und Gemüsebratling anstatt der Pilze.

„So viel esse ich sonst kaum in einer ganzen Woche“, stöhnt Karmen, nachdem sie ihren Teller bis auf den letzten Krümel geräumt hat und gierig auf meine Überreste schaut. Neben uns sitzt die übliche Primrose-Hill-Schickeria, zusammen mit einigen Rentnern, die sich hier täglich zum ausgiebigen Klatsch treffen.

Wir treten mit vollem Magen auf die Straße. Mit Mühe schaffen wir es noch bis zur U-Bahn-Station. Die *Tube* ist heute leider mal wieder hoffnungslos überfüllt, was mich freut, da Karmen somit ein ganz authentisches Londonerlebnis bekommt.

Nach langem Warten gelingt es uns, einen der Züge Richtung Süden zu besteigen, und der Wagen fährt mit einem Ruck an. Doch nur einige Sekunden später bleiben wir mitten im Tunnel wieder stehen und es bewegt sich nichts weiter. Erst nach einer zehnminütigen Wartezeit fangen die ersten Leute an, sich zu räuspern und genervt auf ihre Uhren zu schauen.

Ein einzelnes „Jeden Tag das Gleiche!" ertönt aus einer Ecke, doch der Rest der Fahrgäste verharrt in gesitteter Stille. Bis aus den Lautsprechern plötzlich ein Knistern erklingt und der Fahrer sich zu Wort meldet.

„*Ladies and Gentlemen*, der Streckenverantwortliche scheint gerade Mittagspause zu machen. Er antwortet nicht auf meine Anrufe. Es tut mir leid. Ich kann nichts dafür. Es tut mir wirklich leid. Seien Sie mir nicht böse. Ich versichere Ihnen, ich werde Sie alle bald nach Central London bringen."

Einige Sekunden später setzt der Zug sich in Bewegung, und wir treffen bald in Leicester Square ein und steigen aus.

„Ah, Letschester Square!", ruft Karmen auf der Rolltreppe Richtung Ausgang, während die Einheimischen voll Grauen zusammenfahren.

„Man spricht das *Lester Square* aus", flüstere ich ihr im Lehrerton zu, während wir die U-Bahn verlassen.

Den Leicester Square selber lassen wir links liegen und gehen weiter Richtung Themse. Doch bevor wir zum Fluss kommen, gibt es einen kurzen Abstecher in die National Portrait Gallery. Auch in einer so teuren Stadt wie London gibt es etwas umsonst, und das sind Museumsbesuche. Nicht ein einziges der staatlichen Museen verlangt auch nur einen Penny Eintrittsgeld, so dass man auch mal für nur eine Viertelstunde in einer beliebigen Gallerie ohne Schuldgefühle vorbeischauen kann. Und in welchem anderen Nationalmuseum kann man sich unter dem Vorwand der Kunst ein einstündiges Video eines schlafenden David Beckham anschauen oder Portraits von Oasis und Kate Moss nebeneinander betrachten?

Eine Gruppe von Schulmädchen sitzt in einem Kreis vor

einem Robbie-Williams-Abbild und zeichnet eifrig dessen Konturen auf ihre Malblöcke. Wir unterdessen schauen uns einige Minuten lang den Beckham-Film an, der das Gesicht des schlafenden Fußballspielers zeigt.

„Sehr atmosphärisch, findest du nicht auch?“, bemerkt eine alte Frau, die sie sich grüblerisch das Kinn reibt.

Ihre Freundin lächelt angetan. „Er sieht so friedlich aus.“

Der kleine Junge an ihrer Hand jedoch, vielleicht ihr Enkel, hüpft ungeduldig auf und ab. „Passiert denn in dem Film noch was?“

Nach fünfminütigem Betrachten des völlig regungslosen Beckham entscheiden wir, dass die Antwort wahrscheinlich nein ist, und gehen weiter. Für die älteren Portraits von Königen und Adligen in Kniebundhosen und Perücken in den höheren Stockwerken fehlt uns heute die Geduld und wir gehen stattdessen weiter in Richtung Themse.

Ich erinnere mich an meine erste Woche in London, die ich hier ganz in der Nähe in einem billigen Hotel verbracht habe. Wir gehen kurz in den Kiosk, in dem ich immer mein Anzeigenblättchen kaufte, und zu meiner Überraschung erkennt mich der pakistanische Verkäufer sogar wieder.

„*Ah, my friend*! Haben Sie eine schöne Wohnung gefunden?“

Ich erzähle ihm von meinem Zimmer im schönen Primrose Hill und meinem Job.

„*Primrose Hill no good,* Sie müssen ins West End ziehen. *The West End is much better!*“

Ich verspreche ihm, es in Erwägung zu ziehen und bald wieder bei ihm vorbeizuschauen, und dann verabschieden wir uns.

Während wir Richtung Süden weiterlaufen, frage ich Karmen, was ihr bisher am meisten an den Londonern aufgefallen sei.

„Niemand schaut einen an! Man könnte meinen, man wäre ein Gespenst!“

Ich stimme ihr zu, die Engländer mögen keinen Blickkontakt mit Fremden, doch wird gerade dies als *polite* und freundlich angesehen. Doch ich wünschte, Karmen selber würde etwas mehr Blickkontakt mit den englischen Autofahrern suchen, denn während wir uns unterhalten, rette ich sie mehrere Male vor dem sicheren Tod, als sie, in die falsche Richtung schauend, direkt in die Fahrbahn eines Taxis laufen will. Die meisten Straßenüberwege haben extra spezielle Anweisungen für die Touristen – *„Look Left"* oder *„Look Right"* steht da in großen, weißen Buchstaben direkt auf der Fahrbahn –, aber Karmen ist zu beschäftigt, sich die schönen Häuser und Schaufenster anzuschauen, als dass sie den Boden unter sich nach Anweisungen untersuchen könnte.

Wir schaffen es dann aber doch, lebend den auf der Nordseite der Themse verlaufenden Boulevard des Embankment zu überqueren, und wechseln dann auf der Hungerford Bridge auf die Südseite der Stadt über. Vor uns ragt das London Eye in den Himmel.

Das Eye, zur Jahrtausendwende zwischen der Westminster und der Waterloo Bridge gebaut, ist das zweithöchste Riesenrad der Welt und wird nicht umsonst von einer Fluggesellschaft gesponsert, denn einmal am höchsten Punkt angekommen könnte man meinen, man befände sich tatsächlich in einem Flieger, so klein liegt die Stadt unter einem.

Karmen findet das toll, ich eigentlich gar nicht, denn ich habe schreckliche Flugangst.

Bisher hatte ich immer Glück und die Schlangen vor dem Metallkoloss waren so lang, dass ich das Besteigen des Eye vermeiden konnte, wenn mich Freunde zu einer Fahrt überreden wollten. Heute jedoch ist es neblig und die anderen Touristen zögern bei so schlechter Sicht, den Preis zu zahlen. Karmen will sich den Blick von oben auf die Stadt aber auf keinen Fall entgehen lassen und so besorgen wir uns also im Häuschen nebenan Tickets und warten in der Schlange neben der riesigen weißen Stahlkonstruktion.

Die großen Glaskapseln, in die 25 Leute reinpassen, drehen sich so langsam, dass deren Bewegung kaum wahrnehmbar ist. Als wir nach viertelstündiger Wartezeit am Anfang der Schlange angekommen sind, winkt uns einer der Angestellten zu, wir werden in Grüppchen eingeteilt und dann klettern wir schnell rein, denn die Gondel hält nicht an, und im Zeitlupentempo bewegen wir uns aufwärts. Die Kapsel ist fast vollständig aus Glas und ich setze mich zitternd auf die Bank in der Mitte und staune über die meterdicken Nieten, die uns in der Luft halten.

Als man dann aber trotz Nieselregens auf der gegenüberliegenden Seite des Flusses von oben auf die Houses of Parliament, Big Ben und Whitehall, den Regierungsbezirk Londons, schaut, vergesse ich schnell meine Angst.

„Guck mal, da ist die Tower Bridge!“, ruft Karmen aufgeregt, und tatsächlich, dem Lauf der Themse folgend sieht man winzig klein im Osten der Stadt die berühmte Hängebrücke mit den zwei Türmen.

Ich versuche, aus der Höhe mein Haus auszumachen, doch sieht man zwar im Norden der Stadt einen riesigen grünen Fleck, den Regents Park, alles Weitere jedoch versinkt im Nebel.

Ich erkläre Karmen, worum es sich bei den anderen Gebäuden handelt – von Westminster Abbey über den Tower of London bis hin zu Canary Wharf, dem höchsten Wolkenkratzer Londons auf der Isle of Dogs, einer kleinen Halbinsel in einer Schleife der Themse. Von oben in ihrer Gesamtheit ist die Stadt fast noch beeindruckender als von unten.

Und so sind wir enttäuscht, als wir uns nach einer halben Stunde wieder dem Boden nähern.

„*Ladies and Gentlemen,* Sie wurden auf Ihrem Flug über London fotografiert“, ertönt eine süßliche Stimme aus dem Lautsprecher an der Decke. „Die Bilder können Sie nach dem Aussteigen für nur acht Pfund erwerben. Vielen Dank, dass Sie heute mit uns geflogen sind.“

„Bitte bleiben Sie angeschnallt, bis das Flugzeug zum Stehen kommt", fügt einer unserer Mitpassagiere hinzu.

Das Aussteigen erfolgt genauso schnell wie das Einsteigen, und wir werden in Eile zu dem Fotoverkäufer gelotst, wo wir uns schon bald auf Bildschirmen erkennen.

„Oje, die sind ja wieder mal ganz toll geworden", bemerkt Karmen sarkastisch, und so kommen wir gar nicht erst in Versuchung, ein Vermögen für unsere eigenen Bilder zu zahlen.

„So, und wohin jetzt?"

„In den nächstbesten Pub", möchte ich am liebsten sagen, aber Karmen besteht auf einem Besuch in der Tate Modern. Früher ein Kraftwerk, ist in dem massigen Gebäude, das ein wenig weiter den Fluss aufwärts liegt, jetzt eines der größten Museen für moderne Kunst untergebracht. Karmen verschnellert ihren Schritt.

„Da müssen wir mindestens ein paar Stunden drin verbringen! Und morgen noch einmal wiederkommen!"

Mir rutscht das Herz in die Hose. Nicht nur, weil mein Magen knurrt und ich mich nach einer großen Portion Pommes sehne, sondern auch, weil ich diesen Monat schon zwei andere Besucher zur *Tate* begleitet und mehrere Stunden darin verbracht habe. Bald werde ich jedes einzelne Kunstwerk mit Entstehungsjahr auswendig kennen.

Nach zweieinhalb Stunden in dem Museum teile ich Karmen mit, dass sie gerne noch weitergehen könne, ich jedoch draußen vor der Halle warten werde.

„Keine Sorge, lange bleibe ich auch nicht mehr. Wir sehen uns draußen!", ruft sie fröhlich und verschwindet wieder in dem Labyrinth von Räumen und Fluren, während ich mich auf den Weg nach draußen mache.

Ich laufe viermal über die nahe gelegene Millennium Bridge, die dadurch bekannt wurde, dass sie zu schwanken begann, als das erste Mal Passanten darüberliefen, die aber nun nach teuren Reparaturen stabil ist, in Richtung St Pauls und wieder zurück und hoffe, dass Karmen jetzt endlich herauskommt, doch sie ist nirgends zu sehen. Dann klingelt mein Handy. Sie steht wahrscheinlich schon lange auf der anderen Seite des Museums und sucht nach mir.

„Alles klar? Versteht ihr euch gut?" Es ist Stefan.

„Du hättest mir aber vorher sagen können, dass Karmen so eine Moderne-Kunst-Fanatikerin ist!", beklage ich mich.

„Ist sie das? Das wusste ich selber auch nicht."

„Sie ist jetzt schon vier Stunden lang in der Tate und ich langweile mich zu Tode."

Stefan verspricht mir, von nun an nur noch Kunstbanausen vorbeizuschicken, die sich mit einer halbstündigen London-Eye-Fahrt zufriedengeben.

Am Abend ist Karmen völlig übermüdet und überwältigt von dem Unterhaltungsangebot, aus dem es auszuwählen gilt. Ich zeige ihr den Veranstaltungskalender für diese Woche und nach zweistündigem Durchblättern hat sie sechs Konzerte, fünf Theaterstücke, drei Vorlesungen und acht Filme gefunden, die sie sich unbedingt am heutigen Abend anschauen möchte. Aber nach ihrem Dauerbesuch in der Tate fallen ihr die Augen zu.

„Weißt du was, ich glaube, am allerliebsten würde ich heute einfach früh ins Bett gehen. Nur dass Programmangebot anzuschauen, macht mich schon müde", sagt sie schließlich.

Wohnt man in einer Kleinstadt, in der vielleicht nur alle paar Monate ein gutes Konzert stattfindet, geht man natürlich ohne zu zögern zu diesem Konzert. Die Möglichkeit hat man ja so schnell nicht wieder. Wenn man aber in einer Stadt wie London wohnt, in der allabendlich rund fünfzig interessante Veranstaltungen stattfinden, dann kommt man in Versuchung, den Konzertbesuch auf die nächste oder übernächste Woche zu verschieben, denn es läuft einem ja nichts davon. Denn auch morgen wird es wieder Dutzende von interessanten Veranstaltungen geben.

Wegen der Kürze ihres Aufenthaltes dränge ich Karmen aber dazu, wenigstens einen kurzen Abstecher in das nur einige

Minuten entfernte Camden zu machen. Das Dublin Castle ist weder ein Schloss noch in Dublin, sondern einer von vielen Musikpubs in London, in denen vorne geredet und getrunken und hinten auf einer winzigen Bühne Musik gemacht wird. Coldplay, Blur und Madness haben alle in dem stickigen Hinterraum einige ihrer ersten Konzerte gespielt, und so kann man bei jedem Besuch darauf hoffen, die zukünftigen Helden der britischen Musikszene hier zuerst zu entdecken. Obwohl im Vorderraum aus der Jukebox laute Musik dröhnt, wird sie von den Stimmen der Besucher noch weit übertönt. Stammgäste begrüßen sich, Biergläser werden angestoßen, Mädchen kreischen und Männer schreien sich über die Köpfe der anderen hinweg an. Und aus dem Hinterraum hört man das Stimmen einer Gitarre. Wir schlängeln uns zum anderen Ende des Pubs durch, zahlen Eintritt und sind dann in einem schwülen, verqualmten Raum mit niedriger Decke, der schon jetzt gefüllt ist mit Jugendlichen, ein paar älteren Ehepaaren in Anzug und Kleid sowie Vertretern jeden Alters, jeder Klasse und Rasse. Neben uns steht ein Mann im Hippie-Look um die fünfzig, dessen fein geflochtener Pferdezopf fast bis zum Boden reicht. Sobald die erste Band zu spielen beginnt, fängt er mit weit ausholenden Armbewegungen an, hoch in die Luft zu springen, und wir müssen uns auf ein paar Hockern an der Wand in Sicherheit bringen.

Mehrere Bands kommen und gehen, dann betritt die vorletzte Gruppe die schmale Bühne. Als ich mir die Musiker anschaue, glaube ich, meinen Augen nicht trauen zu können. Ich zucke zusammen und schaue mich nach Karmen um. Denn wer spielt Bass? Niemand anderes als Jake. Mir bleibt fast das Herz stehen.

„Karmen, können wir gehen?“, frage ich sie etwas abrupt, doch die ist alles andere als in Heimgeh-Stimmung. Sie ist gerade in ein Gespräch mit einem Hugh-Grant-Verschnitt vertieft, der sie bewundernd anlächelt und nicht so aussieht, als wolle er sich so schnell verabschieden.

Als ich endlich ihre Aufmerksamkeit erhasche, stellt sie mich ihrem neuen Bekannten vor.

„Und das hier ist übrigens Richard. Richard wohnt in Notting Hill!"

„Hallo Richard!" Richard würdigt mich kaum eines Blickes und redet weiter auf Karmen ein. Was soll ich nur tun?

„Karmen, können wir bitte bald gehen?", frage ich noch einmal, und sie nickt, aber setzt ihr Gespräch angeregt fort. Schon kündigt die Band ihr letztes Lied an und die Musiker werden sich bald unter die Zuschauer mischen.

„*Bitte*, Karmen, es ist dringend!", flehe ich sie an, aber Karmen scheint *in love* zu sein und tut so, als hätte sie meine Bitte nicht gehört.

Ich stehe also zitternd neben den beiden und warte auf das Unumgängliche. Gleich wird Jake wahrscheinlich auch noch mit seiner Freundin zusammen an mir vorbei zum Ausgang gehen und mich mitleidsvoll anlächeln, während ich hier alleine und unglückselig herumstehe. Wenn ich wenigstens einen Gesprächspartner hätte! Ich versuche verzweifelt, an Karmens und Richards Unterhaltung teilzunehmen, aber die beiden flüstern sich irgendwelche Nettigkeiten ins Ohr und haben keinerlei Interesse an der Außenwelt.

Jake steht mittlerweile an der Bar, unterhält sich mit mehreren Leuten und bahnt sich dann einen Weg zur Ausgangstür. Genau neben welcher natürlich ich sitze. Ich starre konzentriert in die andere Richtung, nippe an meinem Glas Wein und schiele in Richtung Bar. Von der Schwarzhaarigen jedenfalls gibt es keine Spur. Dann ruft plötzlich jemand hinter mir meinen Namen.

„Das ist aber eine Überraschung! Ich habe dich schon seit Wochen nicht gesehen. Ist Elli auch hier?"

Es ist Ellis netter Kollege Liam, und ich bin ihm unendlich dankbar, gerade in diesem Moment hier aufzutauchen.

„Ist was? Du siehst etwas besorgt aus."

„Ich bin nur ein bisschen müde."

Liam erzählt mir ausführlich vom Popquiz des Vortags, das ich leider verpasst habe, und geht sämtliche Fragen und Antworten durch.

„Und weißt du, welche Gruppe den allerlängsten Songtitel aller Zeiten hatte? *Well?*“

Ich schüttele ungeduldig den Kopf, während ich alle paar Sekunden nach Jake Ausschau halte. Er redet mit einigen Freunden, die in unmittelbarer Nähe zu mir stehen.

„Und die nächste Frage erst! An welchem Tag wurde Liam Gallagher geboren?! Wer soll das denn wissen?!“

„21. September. Gar kein Problem!“, sage ich stolz.

„Ah, du Besserwisser! Nächsten Dienstag musst du wieder mitkommen. Aber wann hat der frühere Schlagzeuger von Oasis Geburtstag? Ich wette, *das* weißt auch du nicht!“

Eine halbe Stunde später nutze ich eine kurze Gesprächspause, um mich wieder nach Jake umzuschauen. Aber der ist wie vom Erdboden verschluckt. Mein Blick schweift von einer Ecke des Raumes zur anderen, aber er ist nirgendwo zu sehen. Liam verabschiedet sich und ich wende mich wieder Karmen und ihrem neuen Beau zu, die mich weiterhin ignorieren.

Dann eine Stimme hinter mir.

„Ich wollte euch beide nicht unterbrechen, aber jetzt, wo du alleine bist ...“

„Jake!“ Ich versuche, so gelassen wie möglich zu tun, kann aber ein breites Grinsen nicht unterdrücken. Noch schlimmer, als jetzt wieder mit ihm reden zu müssen, wäre es, wenn er einfach ohne ein Wort verschwunden wäre. Ich gratuliere ihm zu dem gelungenen Konzert, erzähle ihm von meinem Besuch in Buckingham Palace, davon, dass ich meine Kündigung eingereicht habe und bald umziehen möchte, und wir reden und reden.

Dann läutet einer der Kellner die Last-Order-Glocke.

„Drink up please, everyone!“

„Können wir uns am Wochenende treffen?“, fragt Jake unverblümt, als die Kellner uns zum Gehen drängen. „Eigentlich sollte ich es ja aufgeben. Wie oft hast du mir jetzt schon versprochen, mich anzurufen oder mich im Pub zu treffen, eh? Aber wenn wir Ort und Zeit ausmachen, kommst du mir nicht so schnell davon."

„Und deiner Freundin macht das nichts aus?", frage ich sarkastisch.

Er schaut mich verdutzt an.

„Was meinst du, meine Freundin?"

„Ich habe euch zusammen gesehen."

„Wie bitte? Mit wem und wo willst du mich denn bitte gesehen haben?"

„Ist ja egal. Jedenfalls möchte ich nicht zu einem romantischen Dinner mit dir ausgehen, nur weil deine Freundin an dem Tag gerade nicht kann."

„Ich weiß wirklich nicht, wovon du redest. Um Himmels willen, kannst du dich nicht ein bisschen deutlicher ausdrücken? Seid ihr Deutschen immer so unpräzise?"

Ich nehme also all meinen Mut zusammen und erzähle ihm von dem Morgen, an dem ich ihn mit der schwarzgelockten Frau im Park gesehen habe. Er überlegt eine Weile.

„Primrose Hill? Und *wann* genau soll das gewesen sein?"

Dann fängt er an zu lachen.

„Und du findest das lustig?", frage ihn verärgert.

„God, you're paranoid, aren't you? Das war meine kleine Schwester Sioban, sie wohnt in Primrose Hill."

„Ah." Ich glaube ihm kein Wort und bete, dass Karmen jetzt endlich auf meine Bitte eingeht und sich von ihrem Richard verabschiedet.

„Hier, darf ich euch vorstellen? *My little sister Sioban* –" Er dreht sich um und zieht die mir schon bekannte Schwarzhaarige am Arm herbei. Sie lächelt mich freundlich an.

„Nice to meet you!" Ich erwidere ihren Blick.

„Du bist also Jakes Schwester?" Ich schaue sie zweifelnd an. Tatsächlich hat sie die gleichen graugrünen Augen wie er. Sie nickt.

„Also, ich lass euch jetzt alleine, bis morgen dann, Jake!“, ruft sie und gesellt sich einer anderen Gruppe am Eingang zu.

„Ich könnte dich ebenso fragen, wer der Mann war, mit dem du dich eben noch unterhalten hast.“ Zu meiner Freude sieht er mich ein bisschen gekränkt an. „Ihr scheint euch ja gut zu verstehen.“

„Nur ein Bekannter.“

„O. k. Also, was mich betrifft, ich bin *young, single and free.*“

„Das hört sich an wie irgendein blöder Werbespot aus dem Fernsehen“, sage ich. „Ich wusste nicht, dass ihr Engländer so direkt sein könnt. Was ist mit der typisch englischen Reserviertheit passiert?“

Er lacht. „Ich war immer direkt. Aber du gehst nie darauf ein. Also, können wir uns jetzt treffen oder nicht? Du hast zwei Minuten, dich zu entscheiden, dann ist deine Chance vorbei.“

Wir werden uns also am nächsten Samstag sehen.

Auf dem Heimweg schwärmt Karmen ununterbrochen von Richard, der sie gleich ins Country House seiner Eltern in den Cotswolds eingeladen hat.

„Am liebsten würde ich gleich nach England ziehen!“

Als wir wieder in meinem Zimmer angekommen sind, fällt ihr noch etwas ein:

„Mein Cousin aus Bremen kommt übrigens im August nach London, dem würde es hier bestimmt toll gefallen“, beginnt Karmen. „Meinst du, du könntest dich ein paar Abende um ihn kümmern? Sonst ist er hier ganz allein.“

Ich nicke natürlich.

„Aber nur, wenn er sich nicht für moderne Kunst interessiert.“

Mai

„Und wohin gehen wir heute Abend?“, frage ich Jake gespannt, der eine Tasse Tee nach der anderen trinkend in meinem Sessel sitzt.

„*It's a surprise*! Warte es ab!“

Ich male mir alle möglichen romantischen Szenarien aus: eine Mahlzeit im griechischen Lemonia um die Ecke oder vielleicht russisch im Trojka oder japanisch im Zensai? Oder wir nehmen ein Taxi und fahren ins West End und essen auf einem Boot auf der Themse?

„Also, los dann. *Let's go*.“

Wir gehen die Straße hinab Richtung U-Bahn, vorbei an blühenden Kirschbäumen und duftenden Vorgärten, und biegen dann rechts ab nach Camden.

„O. k., da sind wir“, verkündet Jake ein paar Minuten später schon völlig unerwartet und stößt die Tür zum Enterprise-Pub auf. So viel zu meinem *Dinner for Two* am Fluss.

„Hattest du nicht etwas von *meal* gesagt? Ich dachte, wir würden etwas essen gehen?“, sage ich enttäuscht und würde mich am liebsten gleich verabschieden.

„Essen können wir auch später. Nebenan ist ein netter Dönerladen.“ Es muss wohl stimmen: Englische Männer sind nicht sehr romantisch.

Für ein paar Minuten kann ich meine Enttäuschung kaum verbergen, aber eigentlich bin ich sowieso viel zu aufgeregt, um zu essen. Wir machen es uns auf einem schon öfters geflickten Ledersofa bequem, die Wand neben uns ist gefüllt mit staubigen Büchern: Oscar Wilde, Charles Dickens, Jane Austen. Eigentlich viel schöner als ein elegantes Restaurant. Und dann erzählt Jake so charmant von seinem Leben als Kellner in dem

Hampstead-Pub, von den Konzerten mit seiner Band und von seiner Familie und hört dann seinerseits meinen Geschichten mit so viel Interesse zu, dass ich ihm binnen kürzester Zeit vergeben habe und beschließe, dass Engländer nicht nur romantisch, sondern auch äußerst charmant und geistreich sind. Falls Jake nicht ein Sonderfall ist.

„Natürlich bin ich ein Sonderfall. So ein Glück wie deines, mich gleich am ersten Tag in London zu treffen, hat nun wirklich nicht jeder."

Ich stimme ihm zu.

„Und das Bier habe ich natürlich extra über dich geschüttet, um eine gute Entschuldigung zu haben, dich kennenzulernen. Etwas Besseres fiel mir so schnell nicht ein."

Die Zeit vergeht wie im Flug und wieder einmal klingelt der Kellner viel zu früh schon zu den *Last Orders*. Der Abend ist vorbei, um Mitternacht hat hier nichts mehr auf.

„Und jetzt zeig ich dir den Kebabladen, von dem ich dir vorhin erzählt habe", sagt Jake, als wir auf die Straße treten. Es regnet in Strömen und ich habe keine große Lust auf einen nach Fett stinkenden Schnellimbiss, noch weniger Lust jedoch, mich schon zu verabschieden.

„Es wird dir gefallen, *I promise!*"

„O.k., wenn du darauf bestehst."

Hundert Meter die Straße runter betreten wir also den Marathon, einen griechischen Imbiss, der beim Eintreten aussieht wie jede andere Pommesbude. Im Hinterraum jedoch, mit Landkarten Kretas und Plastikblumen geschmückt, spielen zwei alte Männer in schwarzem Anzug und Schlapphut Saxofon und um die fünfzig Leute essen, trinken und tanzen, als sei dies der angesagteste Club in ganz London.

„Ich bin hier schon hundert Mal vorbeigegangen, niemals ahnend, dass es wert wäre, mal reinzuschauen!", sage ich erstaunt.

Wir bestellen Pommes und gefüllte Weinblätter und dazu eine Flasche Wein und sehen uns nach einem Platz um.

Es ist so voll, dass kein Tisch mehr frei ist, aber Bartosz, selbsternannter ungarischer Poet mit langen blonden Locken und verfaulten Zähnen, bittet uns, uns zu ihm zu setzen.

„Deine Arme sind so zart und weiß wie die Knochen der Rentiere zur Sommerzeit im Land der Lappen", sagt er zu mir und schenkt sich dann von unserem Wein ein. Ich frage mich, ob das Poesie ist, dummes Gerede oder sogar sexuelle Belästigung. Jake scheint sich auch nicht ganz sicher und so rücken wir vorsichtshalber ein paar Stühle nach rechts. Dort werden wir von einem älteren Mann mit langen, strähnigen Haaren angesprochen, der auf einem Block vor sich das Chaos um uns herum zeichnet.

„Darf ich ein Portrait von euch machen? Ihr passt so gut zueinander und du", er zeigt auf Jake, „du hast so ein ausdrucksvolles Gesicht!" Ich weiß nicht, ob ich beleidigt sein soll, dass mein Gesicht keiner Erwähnung würdig ist, oder glücklich darüber, dass selbst Fremde meinen, wir passten gut zusammen, aber Jake hat schon zugesagt und der Mann misst uns mit seinem Bleistift und bringt die ersten Striche auf das Papier.

„Nicht bewegen, um Himmels willen!", herrscht er mich an, als ich meinen Arm hebe, um ein Haar aus den Augen zu streichen.

„Mund geschlossen halten!" Wir sitzen also eine Viertelstunde völlig still und regungslos, bis das Bild endlich fertig ist. Er unterzeichnet es und steckt es mir dann zu.

„Ich bin schon mit Billie Holiday aufgetreten, glaub's mir!", erzählt mir stolz einer der beiden Saxofonisten, der sich in einer Spielpause etwas später zu uns gesellt, und seinem Alter nach zu urteilen ist das gut möglich. Begleitet werden die beiden Musiker heute Abend ungewollt von einem Iren, der mit viel Gefühl Volkslieder seiner Heimat vor sich hinsingt, ohne dabei aber die geringste Notiz von den Saxofonspielern zu nehmen.

„*Can you please shut up?*", fragt ihn Pat, einer der Musiker, höflich. „Du kannst singen, wenn wir fertig sind, aber jetzt halt erst mal die Klappe!"

Das tut er aber erst, als ihm nach einem weiteren Bier die Augen zufallen und sein Kopf sich auf den Tisch neigt.

Als das Marathon dann doch irgendwann schließt, wird es draußen schon hell und wir laufen bei Amselgesang durch die ruhigen Straßen von Primrose Hill zurück nach Hause.

„Wenn nicht bald etwas passiert, muss ich nächsten Monat zurück nach Deutschland ziehen", klage ich Felice am nächsten Morgen mein Leid, den Tränen nahe. Die Osterferien, und damit meine letzte Gehaltszahlung, liegen schon wieder Wochen zurück und ich habe weder eine neue Stelle gefunden noch, wie gehofft, im Lotto gewonnen. Aber wie immer kommt unvorhergesehene Hilfe.

„Ganz einfach, du hilfst mir halt für ein paar Wochen in meinem Kleiderladen aus, bis du was Besseres findest", tröstet mich Felice, „jetzt, wo der Sommer kommt, bin ich so beschäftigt, dass ich eine Aushilfe gut gebrauchen kann."

Ich werde also von nun an auf dem Camden Market arbeiten, was keine größere Umstellung in meinem Leben bedeutet, da ich sowieso jede freie Minute dort auf der Suche nach ausgefallenen Schnäppchen verbringe.

Der Camden Market ist eine Ansammlung von Marktständen mit ausgefallener Mode, chaotischen Second-Hand-Buchläden, vegetarischen Fast-Food-Ständen und Plattenläden. Von unserem Haus in Primrose Hill bin ich dank des Regents Canal, der die beiden Stadtteile verbindet, in wenigen Minuten dort. Der schmale Kanal, gerade groß genug für die kleinen, buntbemalten Hausboote, die überall an den Stegen anliegen, bildet einen Wasserweg von der Themse bis nach Paddington im Westen der Stadt, und von dort aus über den Grand Union Canal sogar weiter bis nach Birmingham. Auf meinem Weg zur Arbeit heute muss ich mich um die vielen Angler herumschlängeln, die im Schatten der Trauerweiden auf einen Fang warten, und aus der Ferne hört man sogar einen Löwen brüllen, denn der Londoner Zoo ist gleich um die Ecke.

Am Camden Lock, der Camdener Schleuse also, biege ich links auf den Markt ab und stehe dann schon vor Felices Geschäft, das anders als die vielen Marktstände auch unter der Woche geöffnet ist, wenn die Touristenströme etwas kleiner sind als am Wochenende.

Felice hat den Laden schon geöffnet, übergibt mir den Schlüssel und klopft mir zum Abschied auf die Schulter: „Und denk dran: Immer nett lächeln, wenn jemand hereinkommt. Klaro?"

Zwar verdiene ich nur vier Pfund fünfzig die Stunde, dafür kann ich aber auch die meiste Zeit des Tages meiner Lieblingsbeschäftigung nachgehen: aus dem Fenster gucken und Musik hören. Alle zehn Minuten vielleicht bediene ich einen Kunden und dann kann ich es mir wieder auf meinem Hocker gemütlich machen und die vorbeiströmenden Besucher beobachten. Neben den Touristen, die sich an den Wochenenden auf dem Markt herumtreiben, schaut auch das ein oder andere Camden-Original ab und zu vorbei.

So besucht uns mehrere Male pro Tag der *Best of Luck Man*, ein schick gekleideter Mann aus der Karibik, der ununterbrochen allen Menschen, denen er begegnet, das „allerbeste Glück" wünscht. Auch heute bleibt sein Besuch nicht aus. Er steckt seinen Kopf um die Ecke, zückt seinen Hut und wünscht mir nachdrücklich: *„Best of luck!"*

„Ja, danke, Ihnen auch!" Und schon ist er wieder draußen, um weiteren Leuten seine guten Wünsche zu überbringen. Niemals sagt er etwas anderes als diese drei Worte, und niemand weiß, wie er es sich leisten kann, den ganzen Tag einfach in der Gegend herumzulaufen und trotzdem noch genug Geld für feine Anzüge zu haben. Denn der *Best of Luck Man* ist ein echter Dandy mit Seidenschal und Manschettenknöpfen. Immer wieder nehme ich mir vor, ihn in ein Gespräch zu verwickeln, um mehr über ihn herauszufinden, doch verschwindet er immer genauso schnell, wie er auftaucht.

Ebenso mysteriös ist der Mann, der sich selber zum *King of*

Camden ernannt hat und gleichfalls regelmäßig im Geschäft vorbeischaut. Das erste Mal, als ich ihm begegne, kommt er früh am Morgen geheimnisvoll in das Geschäft hereingeschlichen, schaut sich mehrere Male um, als müsste er sich vergewissern, dass kein auf ihn lauernder Spion sich in der Umkleidekabine versteckt, und flüstert mir dann hinter vorgehaltener Hand zu:

„Du musst mir gut zuhören!"

Ich lausche gespannt.

„Ich weiß, was dein Sternzeichen ist."

„Aha?", sage ich, etwas erschreckt.

„Ich wusste sofort, als ich dich zum ersten Mal sah, was dein Sternzeichen ist."

„Und was ist es?"

„Zwilling." Ich zucke zusammen, denn das stimmt sogar.

„Ich bin der *King of Camden,* darf ich dich auf eine Tasse *Earl Grey* einladen?"

Ich weise ihn darauf hin, dass ich gerade arbeite und unmöglich den Laden alleine lassen kann.

„Was für eine Schande. Wir werden uns wiedersehen. *Farewell!*"

Bevor ich ihn fragen kann, was an mir so typisch zwillinghaft sei oder warum er sich so merkwürdig altmodisch ausdrücke, ist er schon wieder verschwunden.

„Hast du schon mal die Bekanntschaft mit dem *King of Camden* gemacht?", frage ich Felice abends, nachdem wir zusammen das Geschäft abgeschlossen haben. Felice nickt.

„Oh ja, *a weird guy*! Ein komischer Kauz. Von denen gibt es viele in Camden."

„Allerdings. Aber er hat tatsächlich mein Sternzeichen richtig geraten. Hat er das bei dir auch?"

„Ja, aber frag mich nicht, wie er das macht."

Als der *King of Camden* zum nächsten Mal in das Geschäft geschlichen kommt, bediene ich zum Glück gerade einen anderen Kunden und er macht sich ohne ein Wort wieder davon.

Auch Jake kommt oft vorbei und wir verbringen ein paar gemeinsame Stunden vor seiner Abendschicht zusammen im *Ye Olde White Bear*. Oder wir schlendern über den Markt, setzten uns an den Kanal und beobachten die Hausboote, deren Besitzer in aller Ruhe die Blumentöpfe auf den Dächern bewässern oder in Sonnenstühlen liegend Radio hören, und träumen davon, uns irgendwann eines dieser Boote für ein paar Wochen zu mieten und kreuz und quer damit durch England zu fahren.

Die ersten Wochen als Felices Aushilfe gehen dank dieser Besuche schnell vorbei, doch zwischendurch schreibe ich eine Bewerbung nach der anderen. Denn von dem niedrigen Lohn einer Verkäuferin kann man in der drittteuersten Stadt der Welt zwar überleben, aber meine Hausbootpläne werden sich so nicht verwirklichen lassen. Es geht jetzt ernsthaft ans Sparen, was für viele Londoner allerdings schon fast ein Hobby für sich ist. Denn England ist das Land der Charity Shops und ihr Besuch kann schnell zu einem zeitaufwendigen, aber sehr erfüllenden Vergnügen werden. Ganz besonders heutzutage, wo der Retro-Look ja nun glücklicherweise gerade in ist. Charity Shops sind kleine Läden, die für die Wohlfahrt Secondhand-Kleidung, Bücher, CDs, Tassen, Lampen, Spielzeug, kurz gesagt: *alles* verkaufen, was sich verkaufen lässt. Das Geld geht an die verschiedensten Organisationen, vom Roten Kreuz und der Heilsarmee bis zu Tierschutzverbänden wie der *Hamster Rescue*, der *Rat Rehoming* oder dem Orang-Utan-Waisenkinder-Appell. Und in jeder guten Einkaufsstraße gibt es mindestens zwei. In der Camden High Street, zehn Minuten von uns entfernt, gleich sieben.

Mein Lieblings-*Charity Shop* gegenüber dem Sainsbury's Supermarkt ist eine wahre Fundgrube für Deutschlehrer. Nicht nur habe ich dort bereits zwei Heino-LPs gefunden, dessen Klänge gut als Strafe für meine Schüler beim Nachsitzen herhielten, auch liefert eine mir unbekannte Person dort die aktuellsten Ausgaben der *Bravo* ab. Dessen bunte Seiten boten meinen Klassen immer wieder eine hervorragende Einführung in die deutsche Kultur. Eines Tages hoffe ich, die mysteriöse Abonnentin einmal beim Abliefern zu erwischen und ihr meinen Dank auszusprechen.

Und all dies für jeweils 20 Pence, denn die alten Damen, die diese Läden überwiegend führen, kennen sich furchtbar schlecht mit dem Wert der von ihnen gebotenen Waren aus und verkaufen oft teure Designermode für ein paar Pfund.

Auch heute schaffe ich es nicht, an dem Shop vorbeizugehen, ohne ihm einen kurzen Besuch abzustatten. Zuerst schaue ich mich in der Kleiderecke um, in der sich vom Leopardendruck-Mantel bis zum Designer-Ballkleid alles finden lässt. *Knickers*, also Unterbuxen, steht in krakeliger Schrift auf einer kleinen roten Box, die mir sofort ins Auge fällt. Ich werfe einen Blick in die Schachtel und sehe ein paar riesige, graue Exemplare, die selbst einem Nilpferd zu groß wären. Dann daneben eine Box mit der Aufschrift *„fancy knickers, only 50p"* – hier finden sich also die etwas schickeren Ausführungen. Ich fische ein blaugetüpfeltes Paar heraus und frage mich, wer um alles in der Welt blaugetüpfelte Secondhand-Schlüpfer aus dem *Charity Shop* kauft.

„Ohhh, lovely, isnt it?", sagt die alte Dame hinter der Kasse, die mich wohl beobachtet haben muss. Sie wirft mir einen ermutigenden Blick zu. „Selbstgenäht sind die. Mal anprobieren?"

„Oh, nein, danke." Ich schließe schnell die Box und wende mich der weniger heiklen Hosen-und Jackenstange zu. Dort finde ich ein Paar Original-Levis aus den 50er Jahren, dazu noch in meiner Größe, die ohne Frage ein Vermögen wert sind. Doch das Preisschild fordert nur lächerliche fünf Pfund.

„Fünf Pfund für so ein schludriges Paar Jeans? Da muss sich unsere Lydia vertan haben. Sie ist manchmal etwas schusselig. Gib' mir 50 Pence, und damit hat sich's." Ich mache mich glücklich auf den Heimweg.

Meine Gehaltskürzung erzwingt allerdings noch drastischere Maßnahmen als den Besuch von *Charity Shops*. Als Barry, mein Vermieter, mir wieder ohne Ankündigung an einem

Sonntagmorgen einige Bauarbeiter an den Hals schickt, verliere ich langsam die Geduld.

„Wir bauen eine Zentralheizung ein. Das bedeutet natürlich, dass die Miete etwas steigen wird", erklärt er mir auf meine aufgebrachten Fragen, warum ich an diesem Wochenende schon wieder unangekündigt aus meinem Zimmer geworfen werfe.

„Steigen?"

„Um die zehn Pfund pro Woche. Ich kann die Kosten ja schließlich nicht alleine tragen." Er erzählt mir dann, wie er unser Haus vor zwanzig Jahren für einen Spottpreis von 25.000 Pfund ersteigert hat, es jetzt aber weit mehr als eine halbe Million Pfund wert sei. Deshalb sollten wir froh sein, dass er das Haus nicht einfach verkaufe, um einen großen Gewinn zu machen, und wir dann ganz ausziehen müssten.

Das allerdings muss ich nun sowieso, denn selbst zehn Pfund mehr pro Woche kann ich mir im Moment nicht leisten. Die Wohnungssuche beginnt wieder von vorne, diesmal verläuft sie aber bedeutend einfacher als bei meiner Ankunft in London. Denn es stellt sich heraus, dass auch Maddie umziehen will, weil ihre Wohnung zu klein und dunkel ist.

„In einer WG spart man schnell ein Drittel des Mietpreises, und wir könnten zusammen zur Arbeit und zurück fahren."

Ich finde das eine gute Idee, besonders da Maddie seit vielen Jahren in London lebt und jede Menge Leute kennt, die Wohnungen zu vermieten haben, gerade ausziehen wollen oder neue Mitbewohner brauchen. Wir schauen uns also gemeinsam eine Wohnung nach der anderen an und entscheiden uns dann für eine Dachwohnung an der Holloway Road im nördlichen Stadtteil Islington.

„Ich ziehe auf Seite 29 um!", erzähle ich Elli aufgeregt, nachdem wir den Vertrag unterschrieben haben. Mittlerweile assoziiere ich die verschiedenen Gegenden Londons hauptsächlich mit den Seiten meines A–Z, dem Londoner Straßenatlas.

„Von Seite 66 nach Seite 29, sehr aufregend", bemerkt Elli. „Das ist London von seiner besten Seite."

Die Holloway Road ist eine der großen Verkehrsadern Londons, sie führt von der Londoner City bis in die Grafschaft Hertfordshire. Selbst bei geschlossenen Fenstern (Einfachverglasung versteht sich, von Doppelverglasung halten die Engländer nicht viel) ist es hier lauter als in Primrose Hill während der Bonfire Night. Auch ist die Straße selber lange nicht so malerisch schön wie das nette Primrose Hill.

Aber: Wir haben beide unser eigenes Zimmer, ein geräumiges Wohnzimmer und ein teppichloses Bad, das wir nicht mit vier anderen Personen teilen müssen, und bezahlen trotzdem nur einen Bruchteil der vorherigen Miete. Unsere Nachbarschaft besteht aus einigen wenigen Geschäften, die auf der einen Seite von einem kleinen Park, auf der anderen Seite von einer abzweigenden Straße begrenzt wird. Und der Kommandant dieser Kleinkommune ist Savvis, der Imbiss-Besitzer. Savvis und seine Frau, beide ursprünglich Zyprioten, haben zwar auch noch ein Haus in der Londoner Randlage, verbringen aber die meiste Zeit ihres Lebens in ihrem Laden, der fast zu jeder Tages- und Nachtzeit geöffnet ist.

Wenn wir nach einer Party erst in den frühen Morgenstunden nach Hause kommen, sitzt Savvis auf einem Stuhl vor unserer Haustür und erzählt uns die Ereignisse des Abends. Dass im irischen Pub gegenüber eine Prügelei stattgefunden hat und die Polizei kommen musste, dass unter uns eine Frau eingezogen ist, die ihm sehr französisch erscheine, sie könne aber auch italienisch sein, jedenfalls sehe sie sehr schick aus, wäre aber ein bisschen hochnäsig, und dass die jüngste Tochter des Waschsalonbesitzers nebenan vorgestern geheiratet hat.

Es ist beruhigend zu wissen, dass niemals jemand auch nur einen Schritt durch unsere Haustür machen könnte, ohne dass Savvis davon Wind bekäme. Währenddessen steht seine Frau Helena Stunde um Stunde hinter der Theke und bereitet einen Döner nach dem anderen zu, bis um vier Uhr morgens endlich

Ladenschluss ist. Am nächsten Tag um Punkt zehn machen sie dann wieder auf und Savvis bedient die Kunden, während Helena sich auf der Couch im Hinterzimmer eine kleine Pause gönnt.

Neben Kebab und Döner gibt es natürlich auch Fish and Chips und jegliche andere Kombination von Pommes. Pommes und Bohnen, Pommes und zermatschte Erbsen, Pommes und Schinken, Pommes und Ei, Pommes und Curry und Pommes mit Kartoffeln. Alles serviert mit einer gehörigen Portion Malzessig und viel Salz.

Das britische Nationalgericht ist jedoch weder Fish and Chips noch Chips and Eggs oder der Sunday Roast. Das beliebteste Essen der Engländer ist Chicken Tikka Masala, ein indisches Hühnchengericht, das im Tandoori-Ofen mit einer milden Gewürzmischung zubereitet wird. Kein Wunder eigentlich, denn in London findet man die besten indischen Restaurants außerhalb Indiens. Selbst der Sultan von Brunei soll sich öfters sein Abendessen aus seinem Londoner Lieblingsrestaurant nach Brunei einfliegen lassen.

Und das allerbeste indische Restaurant der Welt ist nur drei Minuten von mir entfernt, gleich gegenüber in der Holloway Road, und heißt Red Rose. Schade ist nur, dass der Besitzer und Chefkoch, Mr Iqbal, etwas launisch sein kann. Ist er gut aufgelegt, so begrüßt er mich mit einer überschwänglichen Umarmung, ruft seinen Mitarbeitern zu, dass die lovely Lady aus Germany wieder da sei, und bringt mir kleine Geschenke: einen pakistanischen Kalender (denn Mr Iqbal ist gar nicht wirklich aus Indien), ein extra Naan-Brot oder ein paar indische Süßigkeiten. Er erzählt mir, dass er bald mit der Rockgruppe The Darkness auf Tour nach Amerika und Australien gehen würde, weil die es ohne seine Balti-Gerichte unmöglich länger als eine Woche aushalten könnte, was ich für ziemlichen Unfug halte, bis er mir mehrere Ausschnitte aus Musikmagazinen zeigt: Mr Iqbal wird tatsächlich bald auf Welttournee gehen. Ich bin untröstlich.

„Aber ich werde zurückkommen. Irgendjemand muss ja für dich kochen!“ Betrete ich sein Restaurant jedoch aus Versehen während eines Arsenal-London-Spiels, ist es mit seiner Gastfreundschaft weniger gut bestellt. Der Fernseher ist auf volle Lautstärke gestellt, das ganze Kochteam sitzt mit Turban andächtig vor dem Bildschirm und Mr Iqbal kommentiert jeden Ballstoß mit Gefluche und wilden Gebärden. Unterbreche ich dann, etwa um eine Bestellung aufzugeben, winkt er nur ab.

„Moment, ich kann gerade nicht.“

Wenn ich Glück habe, wird das Spiel dann irgendwann von Werbung oder der Halbzeit unterbrochen und er kommt missmutig zur Theke. „Es kann aber noch was dauern. Komm mal in einer Stunde wieder.“

Wenn die Gunners aber gewinnen, und die Fans im Autokorso vom nahe gelegenen Stadion aus die Holloway Road hochfahren, ist meine Portion dann plötzlich doppelt so groß wie sonst und extra würzig. Da wartet man gern eine Extrastunde.

Das Schlimmste aber an Mr Iqbal ist, dass er extrem eifersüchtig ist. Sieht er mich etwa mit einer Plastiktüte vorbeilaufen, die aussieht, als könnte sie ein Take-away von einem anderen Restaurant enthalten, wirft er mir giftige Blicke zu und weigert sich, zurückzugrüßen. Ganz schlimm wird es, wenn ich mal ein bisschen knapp bei Kasse bin und mir mehrere Wochen kein Take-away leisten kann. Anstatt des üblichen *„long not seen“*, also „wir haben uns aber lange nicht gesehen“, ruft er mir ein *„long not ordered“* – „lange nicht mehr bestellt“ – hinterher. Und schaut mich an, als hätte die lange Abwesenheit ihn zutiefst gekränkt.

Irgendwann geht es so weit, dass ich einen weiten Umweg um das Red Rose mache, um Mr Iqbals ständigen Forderungen zu entgehen. Von nun an werde ich mein traditionelles freitagabendlichen Take-away in aller Ruhe im Sitara ein bisschen weiter die Straße aufwärts bestellen. Oder gleich selbst kochen.

Am kommenden Freitagabend, an dem ich die Wohnung für mich alleine habe, lade ich Jake sogar auf eine Paella zu uns ein. Als ich mit meinem neuen Kochbuch in der Küche stehe, wird mir jedoch bald bewusst, dass ich vergessen habe, Safran zu kaufen. Und ohne Safran wird die Paella nicht gelb. Ich laufe die Straße hoch und durchsuche den Coop, Sainsbury's und sämtliche kleinere Tante-Emma-Läden, doch niemand verkauft Safran oder wüsste auch nur, wo man welchen bekommen könnte.

„Ist aber auch sehr teuer, ich würde es einfach weglassen", empfiehlt mir die Verkäuferin in einem der kleineren Läden. So schnell gebe ich aber nicht auf. Ich versuche es bei Nash.

Nashs Kiosk liegt rechts neben Savvis Schnellimbiss. So wie Savvis seinen Imbiss kurzerhand nach sich selber genannt hat, kennen wir Nashs Namen auch zuerst nur von dem großen Schriftzug an seinem Geschäft – *„Nash. Newspapers, Food, Drink"*. Und so ziemlich alles andere, was irgendwie verkäuflich ist. Ich wundere mich, wie Nash so viele Sachen in dem kleinen Laden lagern kann, doch was auch immer wir brauchen, Nash gräbt es irgendwo aus den Tiefen seines Geschäftes hervor. Und wenn nicht er selber, dann eines seiner Familienmitglieder, die alle auf verschiedenen Etagen des Hauses wohnen und abwechselnd hinter der Theke aushelfen.

Als ich ihn also an diesem Abend ohne viel Hoffnung nach Safran frage, nickt er sofort eifrig: „Ah, Safran, das Gold unter den Gewürzen. Ich habe zwar keines hier, aber –", er unterbricht und redet auf Gujarati auf einen kleinen Jungen ein, der irgendwie mit zur Familie zu gehören scheint und gerade hinter der Theke an einem Schokoriegel knabbert. „Los, lauf schon", drängt Nash ihn auf Englisch, als er seinen Anweisungen nicht sofort nachkommt. Einige Minuten später humpelt langsam eine ältere Frau in traditionellem indischem Gewand durch die Hintertür herein. Mit einem zahnlosen Grinsen begrüßt sie mich, drückt mir ein kleines Päckchen in die Hand und verschwindet dann wieder, bevor ich mich bedanken kann.

„Das war meine Mutter, sie spricht leider kein Englisch", erklärt Nash. In meiner Hand halte ich ein durchsichtiges Tütchen prallgefüllt mit einem gelben Puder. Ich habe mein Safran!

Auf meine Frage, wie viel ich ihm schulde, schüttelt Nash überzeugt den Kopf. „Keine Sorge, wir haben ganze Container von dem Zeug! Lass es dir gut schmecken!" Und dann wendet er sich dem nächsten Kunden zu, der gerade zur Tür hereinkommt. Ich bedanke mich und renne schnell die Treppe hoch. Jetzt steht meiner Paella nichts mehr im Wege, und das gelbe Päckchen hätte mich in einem normalen Geschäft sicher ein kleines Vermögen gekostet!

Hollywoodstars wie in Primrose Hill lassen sich von unserem Wohnzimmerfenster in der Holloway Road aus zwar nicht beobachten, aber etwas zu sehen gibt es doch jedes Wochenende. Denn gegenüber von uns liegt der irische Pub The Floirín, in dem jeden Samstagabend Musiker mit so klangvollen Namen wie Lamond O'Flanagan oder Seamus Mulkere ihr Können unter Beweis stellen. Die Iren sind neben den Zyprioten und Kolumbianern die in der Holloway Road am stärksten vertretene Volksgruppe, und von allen dreien ohne Frage die lauteste. Iren lieben es, zu erzählen, und das viele Reden benötigt halt ein bisschen Schmierstoff für die Kehle. Nicht nur beglücken uns also Seamus & Co jeden Samstag mit Klassikern wie *Streams of Whiskey* und *Dirty Old Town* in einer solchen Lautstärke, dass es unmöglich ist, sich in unserer Wohnung normal zu unterhalten, auch fließt das Guinness mitunter so gut, so dass es am Ende des Abends manchmal hitzig werden kann.

Es ist die erste richtig warme Nacht in diesem Mai, und als wir am offenen Fenster meine gelbe Paella essen, sehen wir zwei offensichtlich schon leicht angeheiterte Männer im Anzug aus dem Floirín heraustolpern.

„Pat", schreit der eine so laut, dass man es bei uns im vierten Stock ohne Probleme hören kann, „ich werde es dir nie vergeben, was du damals in Cork zu Mary gesagt hast."

„Ich bin überhaupt nicht Pat, ich bin doch sein Bruder, du

Idiot!“, schreit darauf der andere zurück und gestikuliert wild mit den Händen.

„Nein, Pat, das war nicht nett, damals 1989.“

„Ich bin nicht Pat, kriegst du das nicht in deine Birne, Larry?“ Daraufhin schwankt er auf Larry zu, holt aus und haut ihm eine runter. Der fällt wie ein gefällter Baum um und bleibt still liegen.

„*Oh my God*, wir müssen die Polizei rufen!“, ruft Jake, den sonst so schnell nichts aus der Ruhe bringt. „Der sieht ernsthaft krank aus!“

Wir beobachten, wie der Mann, der nicht Pat heißt, auf Larry zugeht, dann aber ausrutscht und geradewegs auf den schon liegenden Mann fällt.

„Meinst du, wir sollten einen Krankenwagen rufen?“, frage ich, jetzt auch etwas besorgt. Nachdem minutenlang keiner der beiden sich bewegt, greift Jake endlich zum Telefon.

„Hallo? Ich rufe wegen einer Schlägerei vor einem Pub in der Holloway Road an, es sieht ziemlich böse aus“, fängt er an, dem Notrufdienst zu erzählen.

„Ja, gleich außerhalb des Floiríns, wir sind im Haus gegenüber.“

Wenige Minuten später schon hören wir das Tatütata der Polizei und wir schauen einander erleichtert an. Aber wo sind Larry und Pats Bruder? Der elende Haufen von Körpern ist plötzlich wie vom Erdboden verschwunden.

Ich lehne mich weiter aus dem Fenster, schaue in alle Richtungen, doch nirgendwo sind die Totgeglaubten zu sehen.

Jake stößt mich an: „Das gibt es doch nicht! Da sind sie.“ Er zeigt auf zwei sich in den Armen liegende Männer auf unserer Straßenseite, die die besten Freunde zu sein scheinen.

„Komm, ich lade dich noch auf ein Guinness ein, Pat, und mache es wieder gut.“

„Ich heiße nicht Pat, verdammt noch mal!“

„Halt den Mund und trink noch einen mit mir! Komm schon.“

Das Polizeiauto fährt langsam die Straße runter an ihnen vorbei. Einer der Polizisten schaut zu unserem Fenster herauf.

Jake duckt schnell den Kopf.

„Meinst du, wir bekommen jetzt Ärger, weil wir die Polizei umsonst gerufen haben?"

„Wir konnten ja nicht wissen, dass die beiden sich so schnell wieder vertragen."

„Stimmt, es hätte ja auch ernst ausgehen können."

Ich werfe einen letzten Blick aus dem Fenster. Das Polizeiauto entfernt sich langsam, während die beiden Männer nebeneinander die Straße entlangtaumeln. Ein Mann mit buschigem Schnurrbart kommt ihnen entgegen und wirft ihnen einen wütenden Blick zu. Es ist Mr Iqbal vom Red Rose.

„Good evening, Larry. Long not ordered!" Er läuft kopfschüttelnd weiter.

Juni

„*What are you having for tea?*“, ruft Maddie aus der Küche. Ich frage sie verwundert, seit wann wir denn etwas zum Tee essen würden, und schließlich ist es schon spät und fast Zeit für das *Dinner,* also das Abendessen.

„Das meine ich ja! *Tea, dinner, supper, lunch,* alles dasselbe!“ Maddie klärt mich auf, dass in ihrer Heimatstadt Newcastle, und überhaupt überall außer im versnobten London, *tea* die Bezeichnung für das Abendbrot sei, *dinner* hingegen mittags eingenommen wird.

„Und was wird dann aus dem *lunch* und *supper?*“, frage ich verwirrt.

„*Supper* und *lunch* sagt man nur, wenn man so tun will, als sei man sehr vornehm. Oder natürlich, wenn man wirklich vornehm ist.“

Ich gebe zu, dass ich in den letzten Tagen zum *lunch* jeweils eine kümmerliche Portion *Baked Beans* auf Toast hatte, oder auch einmal als besonderen Luxus eine *Baked-Beans*-Pizza, was wohl kaum vornehm genug ist, es noch als *lunch* zu bezeichnen. Ich brauche unbedingt einen neuen Job.

Und Maddie hat mal wieder eine gute Idee: Ich soll Privatstunden geben. In allen Bibliotheken in meinem Umkreis, in Camden, Kentish Town und Swiss Cottage, hänge ich also Anzeigen auf. „Erfahrene Deutschlehrerin, Muttersprachlerin, gibt Unterricht. Alle Fähigkeitsgrade und Altersstufen, 15 Pfund pro Stunde.“ Ich warte gespannt auf einen Anruf, aber tagelang meldet sich niemand. Dann ein Anruf einer Polin namens Eva, die mir einen Austausch anbietet: Für jede Stunde Deutschunterricht meinerseits wird sie mir eine Stunde lang Polnisch beibringen. Ich würde sehr gerne Polnisch lernen, doch wegen meiner nicht vorhandenen Sprachlernfähigkeiten wäre das ein nutzloses Unterfangen. Der einzige andere Anruf kommt von einem Engländer namens Mr Walters, der schon ziemlich perfekt Deutsch zu sprechen scheint.

„Ich möchte Konversation machen mit Ihnen, wenn ich darf", erzählt er mir am Telefon. Ich gebe ihm meine Adresse und wir vereinbaren einen Termin.

Zu seiner ersten Stunde klopft Mr Walters um Punkt sieben Uhr mit deutscher Pünktlichkeit an die Tür, nimmt seinen Schlapphut ab und setzt sich, ohne auf eine Aufforderung zu warten, in meinen Ohrensessel.

„Möchten Sie bestimmte Themen besprechen oder sollen wir einen Text durchlesen?", frage ich ihn.

„Ich möchte Konversation machen."

Und dann redet er in einem solchen Wortschwall los, dass ich in der ganzen Stunde kaum ein Wort einfügen kann. Um genau acht Uhr steht er dann plötzlich mitten im Satz auf, drückt mir das Geld in die Hand und verabschiedet sich. Jeden Dienstagabend höre ich von nun an Mr Walters haargenau eine Stunde lang für 15 Pfund zu, wie er mir in perfektem Deutsch aus seinem Leben erzählt. Und mich über deutsche Politik, deutsche Literatur und deutsche Angewohnheiten aufklärt, von denen ich noch nie in meinem Leben vorher gehört habe.

„Stellen Sie zu Hause am 4. Dezember einen Barbarazweig auf?", fragt er mich zum Beispiel. Ich verneine, worauf er mich überrascht anschaut und mir dann im kleinsten Detail über diesen Brauch erzählt.

„Dass Sie davon aber auch selber noch nichts gehört haben, *strange, very strange*!"

Mr Walters weiß bedeutend mehr über mein Vaterland als ich.

„Was halten Sie denn von dem neuen Bundesverkehrsminister?", fragt er mich herausfordernd.

Ich lache geniert. „Ach der. Bisher ist er mir noch nicht negativ aufgefallen."

„Mir ist gerade sein Vorname entfallen. Wie heißt er noch mal?“

Ich werde rot und gebe zu, dass ich weder dessen Vor- noch Nachnamen kenne noch irgendwie sonst über ihn informiert bin. Und dass ich im letzten Jahr hinsichtlich der neusten Geschehnisse in der deutschen Politik etwas in Verzug geraten bin.

Mr Walters lächelt mich mitfühlend an. „*Don't worry*“, sagt er herablassend und lässt sich dann in einem weiteren Monolog über das deutsche Wahlsystem aus.

Leider fällt mir mittlerweile das Deutschsprechen auch gar nicht mehr so leicht. Obwohl angeblich Zehntausende Deutsche in London ansässig sind, treffe ich, wenn überhaupt, nur deutsche Touristen. Die hier lebenden Landsleute geben sich entweder alle für Holländer oder Polen aus oder wohnen zusammengepfercht in einem Vorort Londons, den ich noch nicht entdeckt habe. Auf jeden Fall bekomme ich, bis auf Telefonate mit Freunden in Deutschland, kaum noch die Möglichkeit, Deutsch zu reden.

„Er stach aus der Menge hervor wie ein wunder Daumen.“

„Ein wunder Daumen?“, fragt meine Freundin Birgit verwundert am Telefon.

„*A sore thumb*. Er stach hervor, wie jemand, der einem sofort auffällt, weil er anders als die anderen aussieht.“

„Ich glaube nicht, dass man das im Deutschen sagen kann“, erwidert Birgit, und ich erkläre ihr in hundert Worten, was man im Englischen so schön in einem Satz hätte sagen können.

Nach ein paar Wochen wird mir dies alles so peinlich, dass ich mich mit der Entschuldigung von Herrn Walters verabschiede, ich würde jetzt wieder nach Hause zurückziehen und könne keine weitere Konversation mit ihm mehr machen. Ich bin so erleichtert, dass ich mir schwöre, nie wieder Privatstunden zu geben, denn die Chancen, einen ganz normalen Schüler zu finden, scheinen mir gering zu sein. Auch Maddie hat die Parklands High verlassen, aber anstatt Privatstunden zu geben, arbeitet sie jetzt als Vertretungslehrerin, das heißt, sie springt für kranke Lehrer an verschiedenen Schulen im Großraum London ein.

Jeden Morgen steht sie um halb sieben auf, wartet auf einen Anruf von ihrer Agentur und trifft dann gegen vier Uhr mit abenteuerlichen Geschichten und 150 Pfund reicher wieder in der Holloway Road ein.

Heute hat sie an einer Schule in Hackney, der Londoner Bronx, gearbeitet.

„Oh, es war furchtbar!“, beginnt sie wie immer ihren Bericht.

„Und welches Fach hast du unterrichtet?“, frage ich sie gespannt.

„Also, erst Geschichte, dann Spanisch, Mathe, Kochen und Sport.“

„Sport?“ Maddies kniehohe Stiefel und Sport passen einfach nicht zusammen.

„Es war einfach schrecklich. Mir wurde mitgeteilt, die Kinder müssten die ganze Doppelstunde *Rounders* spielen.“

„*Rounders*? Was ist denn das?“

„Das wusste ich auch nicht mehr genau, obwohl ich es selber in der Schule habe spielen müssen. Und die Kinder waren sich auch nicht sicher. Sie wussten nur, dass es zwei Teams gibt, einer einen Ball wirft und die anderen hinterherrennen müssen.“

„Und was hast du dann gemacht?“

„Ich habe einfach losgepfiffen und dann flog der Ball über den Schulhof und dreißig Kinder rannten kreuz und quer durch die Gegend. Mir war noch nicht mal klar, wer in welchem Team war. Und irgendwann habe ich angeblich ein Foul übersehen und dann weigerte sich das andere Team, weiter mitzuspielen. Also saßen wir alle für siebzig Minuten auf dem Sportplatz herum und haben uns gelangweilt.“ Ich bin heilfroh, nicht mehr unterrichten zu müssen.

Stattdessen mache ich mich endlich auf den Weg zum *Job-*

centre, dem Arbeitsbeschaffungsbüro, und melde mich für ein Gespräch mit einem Berater an. Die Frau, die mir zugeteilt wird, ist sehr freundlich und ermutigend.

„Mit Ihren Qualifikationen sollten Sie doch wirklich keine Probleme haben, schnell einen neuen Job zu finden."

Sie nickt noch einmal bekräftigend. „Und dazu noch Deutsch!"

„Ist das gut?", frage ich zweifelnd.

„Die Deutschen sind strebsam und zuverlässig, *aren't they*?" Sie schaut mich forschend an. Ich nicke schnell und suche verzweifelt in meinem Gedächtnis nach eigenen Beispielen dieser angeborenen Strebsamkeit. Mir fällt so schnell nichts ein.

„Haben Sie denn irgendwelche besonderen Fähigkeiten außer ihrer Lehrerausbildung?"

Ich zeige ihr meinen Lebenslauf. Der besagt, dass ich etliche Praktika bei Lokalzeitungen gemacht habe, ein Diplom in Fotografie habe und schnell tippen kann.

„Ah, Sie wollen also einen Sekretärinnenjob?"

Ich seufze leise. „Was gibt es denn da in der Richtung?"

Die Frau bewegt in Windeseile die Maus hin und her, klickt mehrere Male hintereinander und schon spuckt der Drucker eine Seite voller Jobangebote aus.

„Zweisprachige Sekretärin in der Londoner City, Gehalt: £16,000; Sekretärin mit guter Rechtschreibung im West End gesucht. Gehalt: £15,000. Und so weiter.

„Haben Sie nicht etwas ... Interessanteres?"

Sie klickt wieder ein paar Mal, und lächelt dann triumphierend.

„Wie wäre es hiermit? Rezeptionistin im Travellodge Hotel. Fremdsprachenkenntnisse erwünscht, Gehalt: £12,000."

Ich versuche, erfreut zu gucken, was mir aber immer schwerer fällt.

„Oder das hier. Ach nein, das ist in Tottenham. Da wollen Sie bestimmt nicht arbeiten."

„Was denn?"

„Lokalreporter in Tottenham. Anfänger sind eingeladen, sich zu bewerben. Gehalt: £12,000."

Ich horche auf. Das Einzige, was ich mit Tottenham in Verbindung bringe, sind die Tottenham Hotspurs, und gegen die habe ich nichts.

„Können Sie mir das ausdrucken?" Erst habe ich einige Hemmungen – zwar ist mein Englisch mittlerweile gut, aber mit einem gebürtigen Briten kann ich mich wohl doch nicht messen. Allerdings merke ich immer mehr, dass viele Briten nicht nur Probleme mit Fremdsprachen, sondern auch mit ihrer eigenen Muttersprache haben. Während die meisten deutschen Schulkinder spätestens in der neunten Klasse kapiert haben, dass englische Verben nur in der dritten Person Singular ein „s" angehängt bekommen, scheint zum Beispiel Barry, mein Ex-*Landlord*, einfach seine eigenen Konventionen zu erfinden. Seine ganz persönliche Regel ist: An jedes Verb kommt ein „s" dran, ganz egal, ob Singular oder Plural, ob erste, zweite oder dritte Person. Die meisten seiner Erzählungen verlaufen folgendermaßen: *„And then I says ‚no way' and he says ‚no really' and I goes ‚that can't be true' and they answers ‚honestly'..."*

Bis auf meinen Akzent, der mich immer noch als Ausländerin ausweist, sollte ich also eigentlich keine allzu großen Probleme haben. Einige Minuten später wähle ich auf meinem Handy die Nummer des Tottenham Guardian und rede mit Dennis McInnes, dem Chefredakteur der Zeitung.

„Kommen Sie doch einfach in den nächsten Tagen mit Ihrem Lebenslauf vorbei. Von Bewerbungen kann man sich so schlecht ein Bild von einem Menschen machen. Ich treffe Sie lieber gleich selber!"

„Wann darf ich kommen?"

„Wann immer es günstig für Sie ist."

Wir vereinbaren den nächsten Tag und ich drücke dem Bettler vor dem Jobcentre vor Freude einen 5-Pfund-Schein in die Hand.

Die Redaktion liegt in einer hauptsächlich von Jamaikanern

und Westindern bevölkerten Gegend im Nordosten Londons und schon, als ich aus der U-Bahn-Station heraustrete, klingt mir aus einem geöffneten Fenster laute Reggaemusik entgegen. Eine Frau mit buntem Kopftuch lehnt sich weit aus einem anderen Fenster hinaus und unterhält sich lautstark mit einer Nachbarin auf der gegenüberliegenden Straßenseite. Ihren Akzent kann ich nur schwer verstehen, dabei dachte ich, ich hätte jetzt wenigstens die Londoner Redeweise gemeistert.

Ich gehe die West Green Road entlang, die Straße, die mir der Redakteur genannt hat. Vor den vielen kleinen Supermärkten liegen Plantain-Bananen, Okras und andere exotische Früchte und Gemüse aus, Händler bieten in allen Regenbogenfarben getönte Stoffe zum Verkauf und ich bewundere die Hunderte von kleinen Zöpfchen auf den Häuptern der Frauen.

Direkt neben einer Metzgerei, in deren Fenster ein ganzes Schwein und mehrere Hühner samt Federn traurig von einer Stange hängen, finde ich den Eingang zu der Redaktion. Ich schelle und trete dann direkt in ein Büro ein, in dem mehrere Frauen Mitte zwanzig geschäftig telefonieren.

„Eine halbseitige Anzeige würde 120 Pfund kosten, eine volle Seite 200. Was meinen Sie?“ In einer kurzen Gesprächspause nutze ich meine Chance.

„Sorry, ich habe einen Termin für ein Vorstellungsgespräch mit Dennis McInnes, dem Chefredakteur.“

„Ah ja, einen Moment. Ich bringe Sie gleich zu ihm hinauf.“

In Gedanken stelle ich mir einen glatzköpfigen, hartherzig aussehenden und Respekt einflößenden Mann in Anzug und Krawatte vor, doch als ich in Dennis McInnes’ Büro eintrete, sehe ich, dass lediglich die Glatze stimmt: Vor mir sitzt ein in Jeans und T-Shirt gekleideter Mann Anfang vierzig, der mich mit einem breiten Grinsen begrüßt. Auch er telefoniert gerade, wobei es sich seinem Augenverdrehen und Stirnrunzeln nach zu urteilen um einen nicht allzu angenehmen Gesprächspartner handeln muss. Als er nach ein paar Minuten endlich auflegt, atmet er erleichtert auf.

„Entschuldigung, das war der Chef. Mr Patel, der Besitzer unseres Blättchens." Er steht auf, streckt mir die Hand entgegen und stellt sich vor.

„Ich bin Dennis. Und du musst Anna sein." Wieder einmal überrascht mich, wie man sich in England gleich mit Vornamen anredet.

„Hallo Dennis, vielen Dank, dass ich so kurzfristig vorbeikommen durfte."

„No problem." Ich reiche ihm meinen Lebenslauf und ein paar Beispiele von vorigen Veröffentlichungen über den Tisch und er schaut sich alles interessiert an.

Dann überfliegt er meinen Lebenslauf und schaut auf.

„Ein Diplom in Fotografie? Hast du eine eigene Digitalkamera?"

„Ja, das habe ich."

„Das trifft sich ja gut. Unser Fotograf arbeitet nämlich nur zwei Tage pro Woche, so dass unsere Reporter manchmal selbst die Fotos machen müssen."

Ich beteuere, dass mir das nichts ausmachen, sondern im Gegenteil viel Spaß machen würde, und er nickt erfreut.

„Tja, da bleibt nur die Frage offen, ob du mit all deinen Qualifikationen bei einer so kleinen Lokalzeitung wie uns anfangen willst?"

Ich kann vor Glück kaum antworten.

„Ist das ein Jobangebot?"

„Wenn du den Job willst, ist er deiner!" Zwar bedeutet dies eine Halbierung meines früheren Einkommens, aber wenigstens entspricht es weitaus mehr meinen Karrierewünschen als sich tagaus, tagein mit verrückten Teenagern herumschlagen zu müssen.

Nachdem ich den Vertrag unterzeichnet habe, stellt er mich den anderen zwei Reportern vor: Nishan, dessen Eltern aus Indien stammen und der sich hauptsächlich um die politischen Meldungen in Tottenham kümmert, und Helen, einer älteren Frau, die Kolumnen über Gärten, Gesundheit und Mode schreibt. Beide machen einen sympathischen Eindruck und kümmern sich gleich rührend um mich. Ich teile mir ein kleines Büro mit Nish, der mir zuallererst eine Tasse Tee macht und mir dann meine Hauptaufgaben vorstellt: Film- und Musikrezensionen, lokale Veranstaltungen wie die Wahl des schönsten Vorgartens Tottenhams oder des hilfreichsten Nachbarn. Und alles andere, was gerade so anfällt.

In meiner ersten Arbeitswoche sind das die Leserbriefe. Denn wir haben ein Problem: Wir bekommen nicht genügend Briefe von Lesern zugeschickt. Diese Woche stammt der einzige Brief von einem Verschwörungstheoretiker, der jede Woche mehrseitige Episteln zu seinen neusten UFO-Sichtungen in Tottenham und Umgebung schreibt. „Wenn Sie meinen Brief nicht abdrucken, gehe ich davon aus, dass auch Sie der Verschwörung in diesem Land angehören, die die Anwesenheit Außerirdischer vertuschen will", endet jeder seiner Briefe.

„Wir sollten ihn mal zu einem Interview einladen", schlage ich im Scherz vor, doch die anderen lachen nicht.

„Wir bekommen nächste Woche schon Besuch von einem Vampirjäger. Ein Verrückter pro Woche reicht mir eigentlich", erklärt Nish.

„Ein Vampirjäger? Das hört sich doch interessant an!" Interessanter jedenfalls als der neuste Gartenwettbewerb oder die Caritas-Tombola-Verlosung, finde ich.

„Dann kannst du ihn ja interviewen. Ich habe nämlich Angst vor ihm!" Nish grinst mich hoffnungsvoll an und drückt mir einige im Selbstdruck veröffentlichte Bücher in die Hand. „Hier, damit kannst du dich schon auf ihn vorbereiten."

„Ich glaube, er ist eher selber ein Vampir als ein Vampirjäger, jedenfalls sieht er so aus", macht mir jetzt auch Helen Angst.

Ich nehme die Bücher entgegen, die alle so abenteuerliche Titel wie *The Vampyre Syndrome* und *Beyond the Highgate Vampire* haben, lege sie aber erst mal beiseite, denn zuallererst müssen wir uns um die fehlenden Leserbriefe kümmern. Leserbriefe sind wichtig, sie stellen eine Verbindung zwischen Redaktion und Lesern her und außerdem haben wir keinen Stoff, mit dem wir die leere Briefseite jetzt, am Tag vor Redaktionsschluss, noch auf die Schnelle füllen könnten. Also ist meine Aufgabe für heute: selber welche schreiben. Was sich leichter anhört, als es ist. Ich starre und starre den Bildschirm an, doch alles, was mir einfällt, sind Themen, die schon in den letzten Wochen durchgekaut worden sind. Müll auf der Straße, Müll im Park, eine ungenügende Zahl an Polizisten und nicht genügend Ampeln für Schulkinder. Die gleichen Probleme wie in jeder Großstadt.

„Nish, bitte hilf mir. Mir fällt einfach nichts ein."

„Mh", er zögert einige Zeit. „Wie wär's mit Müll?"

Ich gebe auf und schreibe also einen weiteren Brief zum Thema Abfall.

Fünf Minuten später lese ich ihn Nish vor.

„*Dear Editor,* ich wohne bereits seit meiner Kindheit in Tottenham und muss sagen, dass das Müllproblem in unserem Stadtteil immer größer wird. Während andere Londoner Viertel wie Hampstead oder Chelsea ihre eigenen Müllcontainer haben, wird hier der Müll einfach in schwarzen Säcken auf die Straße geworfen und bleibt dann dort liegen, bis die Müllabfuhr sie abholt. Kein Wunder, dass nicht viele Touristen zu uns kommen. Warum lässt die Stadtverwaltung uns so im Stich? Hochachtungsvoll, Mohammed Imran."

„Perfekt. Noch vier solcher Briefe und die Seite ist voll."

Ich erdichte mir U-Bahn-Gleise, die so alt sind, dass man in den Zügen gefährlich hin- und hergeworfen wird, Lobbriefe über Artikel, die wir in der letzten Ausgabe veröffentlicht haben, und Kritik daran, dass unsere Horoskop-Seite nicht mehr besteht.

„*Perfekt! Thank you so much!*", lobt mich Dennis, als er meine Meisterwerke anschließend liest. „Und zum Dank darfst du dann tatsächlich nächste Woche Mr Farrant, den Vampirjäger, interviewen. Das wolltest du doch, oder?"

Ich nicke, und verbringe den Rest des Tages damit, die merkwürdigen Bücher über den Highgate Friedhof und den angeblich dort wohnhaften Vampir zu lesen. Vielleicht liegt es an den vielen uralten Gebäuden, die sich überall auf der Insel finden, oder einfach an der Fantasie der Engländer, auf jeden Fall scheinen sich Gespenster in Großbritannien ganz besonders wohl zu fühlen. Die meisten Städte haben ihre eigenen *Ghost Walks*, also Geister-Führungen, jeder ältere Pub scheint seine Gespenstergeschichte zu haben und ein Großteil der Bevölkerung behauptet, zumindest eine Person zu kennen, die schon einmal Bekanntschaft mit der Geisterwelt gemacht hat.

Und Mr Farrant besteht sogar darauf, einen ganz besonders heißen Draht zu allem zu haben, was spukt. Er ist nämlich ein *Psychic Investigator*.

„Ja, ja, das sagt er nur so, wahrscheinlich ist er selber ein Geist. So sieht er jedenfalls aus. Glaub es mir nur“, wiederholt Helen immer wieder.

Allmählich wird mir doch etwas unheimlich zumute.

„Aber keine Angst, wir sind nebenan, wenn du ihn interviewst“, muntert mich Nish auf.

Ich lache nervös und notiere mir einige Fragen, die ich Mr Farrant nächste Woche stellen werde.

Zum Glück treffen wir uns weder auf dem Friedhof noch in einem Spukhaus, sondern Mr Farrant kommt zu uns in die Redaktion.

„Hu-hu, der Vampir wartet unten auf dich!“, kommt schließlich am kommenden Montag ein Durchruf aus Dennis' Büro, und ich eile die Treppe hinab, um ihn zu begrüßen.

„Mr Farrant?“

Ein hagerer, weißhaariger Mann mit wässerig-blauen Augen drückt mir schüchtern die Hand. Um seinen Hals hängt ein riesiges Amulett, welches er vor meinem neugierigen Blick schnell unter seinem Hemd versteckt.

Er erzählt mit dünner Stimme von seinen Begegnungen mit der Geistergestalt auf dem Highgate-Friedhof, erzählt davon, dass man bei Umbauarbeiten an alten Häusern vorsichtig sein müsse, weil dabei dunkle Kräfte freigesetzt werden könnten, und beschreibt die verschiedenen Gespenster, die ihm bei seinen Erkundungen schon über den Weg geflogen seien.

Nachdem er mir seine kalte Hand zum Abschied gereicht hat und im Lärm der West Green Road verschwunden ist, stürzen sich Dennis, Nish und Helen sofort auf mich.

„Er ist merkwürdig, *isn't he?*", fragt Nish neugierig.

„Hat er dir nicht auch Angst gemacht?"

„Eigentlich war er ganz sympathisch", sage ich stolz. „Er schien mehr Angst vor mir zu haben als ich vor ihm. Und er erzählte alles mit so eindringlichem Blick, dass es schwer war, ihm nicht zu glauben."

„Siehst du, er hat dich hypnotisiert!", lacht Dennis. „Dann schreib jetzt einen langen Artikel über sein neues Buch, dann lässt er uns hoffentlich für ein paar Monate in Ruhe."

Juli

In der nächsten Woche versuche ich, sämtliche Freunde zu überreden, mich zum Highgate Cemetery zu begleiten. Schließlich brauchen wir noch ein paar stimmungsvolle Fotos für meinen Bericht.

Da sowohl Jake als auch Maddie keine Zeit haben, versuche ich es zuerst bei meinen alten Primrose-Hill-Hausgenossen, aber Yitkee lehnt sofort ab. „Ich habe in Singapur schon genug Geister gesehen, da spukt es nämlich noch mehr als in England." Felice jedoch, unbekümmert wie immer, willigt sofort ein und Elli lässt sich schließlich auch überreden. So ziehen wir zu dritt gegen Abend los. Der Highgate Cemetery wäre der perfekte Drehort für Horrorfilme: hohe, halb verfallene Steinmauern, zum Teil völlig von Efeu berankt, umgekippte Marmorstatuen, überschattet von jahrhundertealten Laubbäumen, die im Wind knarren und große, herrschaftlich anmutende Mausoleen.

Durch eine enge, steile Straße, der Swains Lane, die zum schönen Highgate Village führt, wird der Friedhof in zwei Hälften aufgeteilt: die weniger zugewachsene, neuere Ostseite, zu der man tagsüber für ein paar Pfund freien Zugang hat, und die wildere Westseite, die nur mit Führung zu betreten ist.

Die nächste Führung ist erst in einer Stunde, teilt uns der alte Mann an der Pforte mit, und so schauen wir uns zuerst auf dem Ostteil um. Und der ist schon unheimlich genug, finden wir alle drei. Obwohl wir nur zwanzig Minuten von der Innenstadt entfernt sind, hört man außer Krähenschreien und dem Knarren der Äste nichts. Nur unsere Schritte auf dem Kies stören die Stille. Bis dann plötzlich der Lärm einer scheinbar größeren Gruppe von Menschen zu uns dringt.

„Was ist denn da los?“, fragt Felice, und wir gehen weiter in Richtung der Stimmen, um es herauszufinden.

Die Geräusche kommen immer näher, und wir erblicken vor uns eine Gruppe von zehn älteren Leuten, die mit Reiseführern in der Hand andächtig einer Frau zuhören. Ich schaffe es, die ersten Worte auszumachen.

„Seine Verlobung mit Jenny von Westphalen musste er jahrelang geheim halten“, erzählt sie. „Dann, im Jahre 1843 …“

„Ist das nicht Deutsch?“, fragt mich Elli und ich bejahe.

„Was hat die denn hierher verschlagen?“

Ich zeige auf die gigantische Abbildung eines rundlichen, bärtigen Mannes auf einem Grabstein ganz in der Nähe, vor dem etliche rote Rosen liegen. Wir stehen am Grab von Karl Marx.

„Hat der aber einen Eierkopp“, ist die einzige Bemerkung, die die Reisegruppe der Statue abgewinnen kann, und ich bin froh, dass Elli und Felice kein Deutsch verstehen.

„Ah, die Deutschen, immer so kultiviert!“, sagt Elli. „Während die anderen Touristen sich mit einer Busfahrt zum Oxford Circus und Big Ben begnügen, verbringen sie ihren Urlaub auf Friedhöfen und reden schlaues Zeug über Politik und Geschichte.“

Wir folgen der Führung noch ein Stück weiter bis zum Grab der Schriftstellerin George Eliot, dann machen wir uns auf den Rückweg zum Haupttor, um rechtzeitig für unsere Führung über den Westteil zurück zu sein.

Vor dem kleinen viktorianischen Eingangstor wartet schon eine kleine Gruppe von Leuten. Um Punkt fünf Uhr weht eine hagere, groß gewachsene Gestalt aus dem anliegenden Haus auf uns zu. Es ist eine Frau um die sechzig, mit weißen Haaren und knallroten Lippen. Mit ihrem knielangen, fließenden Samtgewand, Pagenschnitt und riesigen Ohrringen sieht sie aus, als hätte sie sich gerade von einer Party in den 1920er Jahren zu uns verirrt.

„Kommen Sie mit“, sagt sie unwirsch, ohne uns zu begrüßen. „Eintrittskarten kosten vier Pfund, aber eine kleine Zugabe halten wir für sehr angebracht." Mit Blick auf meine Kamera fügt sie hinzu: „Und wenn Sie fotografieren wollen, sind das noch mal zwei Pfund extra. Aber bitte beschränken Sie das Fotografieren auf einige Bilder."

Meinen entsetzten Blick bemerkend erklärt sie: „Schließlich ist dies eine Ruhestätte und nicht der Eiffelturm." Ich trenne mich also widerstrebend von sechs Pfund und folge dem Rest der Gruppe durch die dicken Tore in das Gestrüpp des Westfriedhofes.

„Und hier ist Harry, der Ihr heutiger Führer sein wird."

Harry ist zu meiner Überraschung ein junger Mann Mitte zwanzig, der in diesen Verfall und Moder gar nicht reinzupassen scheint. Er ist schick gekleidet, strömt bei jeder Bewegung Parfumwolken aus und redet theatralisch. Jedes seiner Worte klingt, als wäre es von höchster Bedeutung.

„Ladies and Gentlemen", er schaut von einem zum anderen und lächelt uns charmant an. *„Ladies and Gentlemen."* Eine lange Pause. „Welcome."

„Gott, ich habe das Gefühl, diese Führung wird lange dauern", flüstert Elli mir zu.

„Ich habe die Freude und die wirklich nicht zu unterschätzende Ehre, Sie heute über unseren geliebten und verehrten Highgate Cemetery führen zu dürfen. Darf ich Sie also noch einmal herzlichst begrüßen und Sie bitten, mir nun diese kleine Anhöhe hinauf zu folgen." Und schon eilt er uns mit hochgerecktem Kinn und hastigem Schritt davon und wir kommen bald bei dem Versuch, mit ihm Schritt zu halten, ins Schwitzen. Wir atmen erleichtert auf, als Harry endlich stehen bleibt, um uns ein paar Anekdoten zu der Verstorbenen zu erzählen, deren Namen wir auf einem alten Grabstein mit Marmorengel vor uns sehen.

„Und dort drüben, *Ladies and Gentlemen –*", er zeigt auf ein unscheinbares Grab, wie die anderen unter all dem Efeu und Unkraut kaum noch auszumachen, „dort drüben liegt Elizabeth

Siddal begraben, die Frau des großen Dichters und Malers Dante Gabriel Rossetti." Wieder eine lange, theatralische Pause.

„Wenn Sie eine rote Locke aus ihrer letzten Ruhestätte sprießen sehen, so wundern Sie sich nicht." Wir schauen uns alle eingehend nach einem roten Haarbüschel um, aber bis auf ein paar kupferverfärbte Efeublätter gibt es nichts zu sehen.

Dann erzählt uns Harry, wie Dante Rossetti nach dem Selbstmord seiner Frau und Muse ihr sämtliche seiner noch unveröffentlichten Liebesgedichte mit in das Grab gab, sie sieben Jahre später aber unbedingt wiederhaben wollte. Denn sein literarischer Erfolg war ausgeblieben und er glaubte, diese Gedichte könnten vielleicht zu seinem Meisterwerk werden.

„Also, *Ladies and Gentlemen*, ließ er seine Frau kurzerhand exhumieren. Das war im Jahre 1869. Doch als der Sarg geöffnet wurde, war der Schrecken groß." Wir schauen uns alle verängstigt an, und in diesem Moment landet auch noch eine Dohle in der Eiche über mir und kräht furchterregend.

Ein kleines Mädchen, das ängstlich an der Hand seines Vaters hängt, fängt an zu weinen.

„Elizabeth sah aus, als hätte sie sieben Jahre geschlafen. Kein Zeichen von Verfall war an ihrem Körper zu sehen, aber ihre langen, roten Locken waren nach ihrem Tod weiter gewachsen und füllten den ganzen Sarg aus. Dantes Gedichte mussten vorsichtig aus den Haaren rausgeschnitten werden."

„Ich hoffe, sie waren nach all der Mühe wenigstens ein Erfolg", sagt ein bierbäuchiger Mann im Fußballhemd.

„Leider nicht", erklärt Harry. „Dante starb verkannt und drogenabhängig."

„Ach, was für eine romantische Erzählung", wirft der Fußballfan wieder ein. „Haben Sie noch mehr solche Storys parat?"

„Aber natürlich!" Und weiter geht es, wir eilen an Mausoleen und uralten Zedern vorbei, und unser Führer erzählt uns eine Schauergeschichte nach der anderen, bis wir eine Stunde später wieder an der großen Friedhofspforte stehen. Völlig außer Atem setzen wir uns auf eine alte Steinmauer.

„Diese Führung sollte als Fitnesstraining angeboten werden. Zweimal in der Woche hier zwischen den Gräbern rumhechten und von *dem* hier bleibt nicht mehr viel übrig", bemerkt der Fußballfan, auf seinen dicken Bauch zeigend.

„Ja, *Ladies and Gentlemen,* da sind wir also wieder, aufgestiegen aus den Toren des Hades, zurück im Licht der Lebenden. Ich wünsche Ihnen noch einen ausgezeichneten Abend. Einen *höchst* beglückenden Abend! Und auf dass wir uns bald wiedersehen."

Harry verbeugt sich elegant, wir bedanken uns für die Führung und schon verschwindet er in dem kleinen Pförtnerhaus. Ich mache noch schnell ein paar Fotos und dann keuchen wir die steile Swains Lane hoch in Richtung Highgate Village.

„Time for a pint?", fragt Elli hoffnungsvoll. Felice und ich nicken sofort. Genug Kultur für einen Abend, finden wir alle drei.

„Auf zu einem *höchst* beglückenden Abend!"

Dennis ist so dankbar dafür, den Vampirjäger jetzt erst mal wieder für ein paar Monate abgeschüttelt zu haben, dass er mir eine andere wichtige Aufgabe zukommen lässt: Ich muss zu den *Houses of Parliament,* wo der Londoner Bürgermeister vor Journalisten aus aller Welt über seine Zukunftspläne für die Hauptstadt reden wird.

Als ich also in der kommenden Woche in einen unscheinbaren Raum in den berühmten Regierungsgebäuden geführt werde, sitzen dort schon an die hundert Reporter, die eifrig Notizen machen, während ihre Kulis im Blitzlicht der Kameras aufleuchten und merkwürdige Schatten an die Decke werfen. Ich setze mich neben eine vornehm gekleidete Lady in der mittleren Reihe, die mich mit *„Oh, hello!"* begrüßt, was sich mit ihrem *upper-class*-Akzent jedoch eher wie „är, härlär" anhört und wobei ihr Mund sich so wenig bewegt, als hätte sie gerade drei Pflaumen auf einmal im Mund.

Ich habe mein Diktiergerät angestellt und höre kaum zu,

was gesagt wird, denn mir geht nur ein Gedanke durch den Kopf: Ich habe Dennis versprochen, ein exklusives Zitat vom Mayor zum Thema Müllabfuhr in Tottenham zu bekommen. Und jetzt wird mir etwas flau im Magen, denn die ersten Fragen werden gestellt, und wenn ich mich nicht bald zu Wort melde, ist die Chance vorbei.

„Paul Rothman, London Evening News. Darf ich fragen, was Sie den Londonern zu sagen haben, die einen Anstieg der Steuern zur Finanzierung der Olympiade befürchten?"

„Gemma William, Daily Telegraph. Sind Sie der Meinung, Metalldetektoren an U-Bahn-Stationen seien hilfreich im Kampf gegen den Terror?"

Eine Frage nach der anderen regnet auf den Mayor herab und mir wird klar, dass ich die einzige Lokalreporterin im ganzen Saal sein muss, und dazu noch die einzige Ausländerin, die kein perfektes BBC-Englisch spricht. Ich überlege mir, ob es vielen auffallen würde, wenn ich mir das Zitat einfach ausdenke. Wer liest schon den Tottenham Guardian? Den Leserbriefschreibern nach zu urteilen: niemand. Dann könnte ich mich jetzt einfach entspannt zurücklehnen und die Angst wäre überstanden. Aber mir kommt ein schrecklicher Gedanke: Ich stelle mir vor, wie der Parlamentsabgeordnete in Tottenham meinen Bericht liest, mit der Position des Mayors nicht übereinstimmt und sich deshalb bei ihm beschwert. Ich male mir aus, wie mein ausgedachtes Zitat in allen Zeitungen des Landes zitiert wird, der Mayor zurücktreten muss, bis dann schließlich meine Lüge ans Licht kommt und ich wegen Betruges im Gefängnis lande. Oder so ähnlich. Vielleicht ist es doch leichter, einfach mit meiner Frage rauszurücken.

„Drei weitere Fragen nehme ich noch entgegen, dann müssen wir die Pressekonferenz beenden", gibt Mr Livingstone in diesem Moment bekannt. Jetzt oder nie, denke ich.

„Anna Regeniter, Tottenham Guardian", rufe ich also, so selbstbewusst wie nur möglich. Doch was herauskommt, ist ein dünnes Stimmchen, das hinten im Saal wohl kaum noch zu hören ist. Trotzdem drehen sich alle zu mir um und warten gespannt.

Ich muss schlucken, würde am liebsten im Boden versinken, aber bringe es dann schließlich doch heraus:

„Die Einwohner Tottenhams sind äußerst besorgt darüber, dass viele Haushalte nicht mal eine Mülltonne zur Verfügung haben. Gibt es Pläne, dies zu ändern?"

„Die Müllversorgung in ganz London wird gerade überprüft und wir beraten zurzeit, wie wir sie effektiver gestalten können."

Schon meldet sich ein anderer Journalist zu Wort und ich atme durch. Keine vielsagende Antwort, aber ich habe eine Antwort! Keine ausgedachten Zitate morgen und kein endloses Zittern um ein Auffliegen. Ich habe es geschafft! Doch noch eine Qual steht mir bevor, ohne die ich nicht nach Hause gehen kann: Ich muss ja noch Fotos machen.

Um das Podium herum stehen um die zwanzig Pressefotografen mit ihren Stativen und 2-Meter-Linsen. Unmöglich kann ich mich dort mit meiner Handy-großen Digital-Kompaktkamera danebenstellen, ohne jegliche Achtung der anderen Journalisten einzubüßen. Ich bleibe also einfach sitzen und schieße von meinem Sitzplatz aus ein paar Fotos. Auf dem Bildschirm prüfe ich das Ergebnis: Außer den kahlen Köpfen der zwei Männer vor mir sieht man nichts. Also stehe ich kurzerhand auf, knipse ein paarmal und setze mich wieder. Zwar ist das Gesicht des Mayors nur so groß wie ein Nadelöhr, aber wenigstens versperren keine fremden Köpfe die Sicht.

Die Journalistin beugt sich zu mir herüber.

„Fürs Fotoalbum?" Sie lächelt herablassend.

„Unser Fotograf ist gerade krank", antworte ich zähneknirschend. Ich wünschte, ich würde für eine Zeitung arbeiten, die sich wenigstens einen Fotografen leisten könnte.

Beim Heraustreten aus dem Saal spricht mich ein Respekt einflößender Mann in schickem Jackett mit goldenen Manschettenknöpfen an.

„Mein Name ist Richard Hanlon, New York Times. Nett, Sie kennenzulernen."

Ich drücke ihm die Hand und bin stolz, das Interesse einer so wichtigen Person erregt zu haben. Vielleicht gibt es in New York die gleichen Müllprobleme und er möchte ein Zitat von mir?

„Nice to meet you."

„So jung und schon beim Guardian, da müssen Sie Talent haben!" Er lächelt mich bewundernd an und ich zucke zusammen. Ich muss unbedingt das Missverständnis aufklären und ihm beibringen, dass der Tottenham Guardian keineswegs mit dem echten Guardian, der großen britischen Tageszeitung, die jeden Morgen von Tausenden von Menschen zum Frühstück gelesen wird, gleichgesetzt werden kann. Doch da hat er mir schon seine Visitenkarte in die Hand gedrückt und ruft mir hinterher:

„Wenn Sie mal nach New York geschickt werden, melden Sie sich bei mir, o. k.? Vielleicht kann ich Ihnen weiterhelfen!"

Ich versichere ihm, dass ich das auf meiner nächsten Dienstreise in die USA ganz bestimmt tun werde, und entfliehe so schnell wie möglich, bevor der Irrtum auffallen könnte.

Als ich anschließend Dennis am Telefon von dem Zitat und den Fotos erzähle, ist er begeistert und gibt mir den Rest des Nachmittages frei. Und das heißt, ich habe ein langes Wochenende vor mir, denn heute ist Freitag. Die Temperaturen steigen für mehrere Tage auf fast 30 Grad an und mit den in vielen Vorgärten Londons wachsenden Yucca-Palmen wirkt die Stadt plötzlich richtig tropisch. Was in anderen Ländern einfach Sommer genannt wird, ist in England eine *Heatwave* dritten Grades und die Regierung gibt den Bürgern strenge Regeln, um in dieser ungewohnten Hitze nicht zu Schaden zu kommen: die Sonne meiden, keinen Sport treiben, Wasser trinken.

Von meinen Nachbarn in der Holloway Road werden diese Tipps natürlich etwas anders interpretiert als vom *Prime Minister* und Co erhofft. Der einzige Ratschlag, dem sie folgen, ist der des Sportvermeidens – erst mal im Biergarten angekommen, besteht die einzige Bewegung im regelmäßigen Gang zur Bar, und ansonsten kosten sie jede Sekunde der Wärme in Bikinis oder Shorts gekleidet aus.

Am Samstagmorgen sind es schon um zehn Uhr 22 Grad, und selbst die Richter im *Old Baileys* dürfen ausnahmsweise ihre Mozart-Perücken vor Gericht abnehmen. Und wir fahren ans Meer.

Jake und ich machen uns auf nach Brighton für einen kurzen Wochenend-Trip. Denn auch die aufregendste Stadt der Welt muss man ab und zu verlassen. Wir treffen uns gegen Mittag in Soho, dem Nabel der englischen Unterhaltungsszene, und setzen uns in das French House, ein uralter, chaotischer Pub in der Dean Street.

Nun tun die Engländer zwar so, als mochten sie die Franzosen nicht, in Wirklichkeit aber bewundern sie sie über alles. Franzosen verkörpern all die Qualitäten, die die Briten in den Augen ihrer kontinentalen Nachbarn nicht besitzen: Eleganz, guten Geschmack und gutes Essen. Und damit sich diese Qualitäten irgendwie auf sie abfärben, lieben sie Pubs wie diesen ganz besonders: Während des Krieges tranken hier General de Gaulle und der Rest der französischen Exilregierung, der Maler Francis Bacon war ein regelmäßiger Gast, genauso wie der Dichter Dylan Thomas, der einmal so betrunken war, dass er das gesamte Manuskript für sein berühmtes Hörspiel „Unter dem Milchwald" unter seinem Stuhl vergaß, wo es zum Glück am nächsten Morgen von einem Kellner gefunden wurde.

Und um es den Engländern zu zeigen, werden im French House keine Pints, sondern nur Half Pints ausgeschenkt, was Jake sehr ärgert.

„Immer müssen die Franzosen sich wichtigmachen. Nur um uns zu ärgern fahren sie auf der rechten Straßenseite, messen Strecken in Kilometern und dann das hier! Bier in *Half Pints* ausschenken! *Unbelievable!*"

„Dann kaufst du eben zwei *Half Pints*, das macht auch keinen großen Unterschied."

„Es geht ums Prinzip. Getränke in *Half Pints* sind anmaßend und so *middle-class*!" Letzteres spuckt er aus, als hätte er das schlimmste Schimpfwort aller Zeiten benutzt.

Middle-class ist für viele Briten ein abwertender Begriff, denn es steht für alles, was mittelmäßig, langweilig und spießig ist. Selbst der Bankmanager mit seinem 40.000-Pfund-Jahreseinkommen sieht sich noch der *Working Class* zugehörig, schließlich war sein Großvater noch ein ehrlicher Handwerker.

„Wayne Rooney, ja, das ist noch ein richtiger Mann! Nicht so ein Waschlappen wie der Beckham, der im Rock herumläuft und sich die Fingernägel lackiert! Rooney würde bestimmt keine Half Pints trinken", mischt sich jetzt der Mann neben uns an der Bar ins Gespräch ein, während er gerade eben ein solches in der Hand hält.

Aus Protest bestellt Jake nur ein Mineralwasser und dann machen wir uns auf nach Victoria, von wo aus unser Zug nach London-on-Sea fährt – denn Brighton ist dank der kurzen Entfernung zur Hauptstadt schon fast zu einem ihrer Vororte geworden. Die Bahnfahrt dauert nur fünfzig Minuten, für viele Londoner weitaus kürzer als die tägliche Fahrt zur Arbeit, und noch ehe wir uns versehen, atmen wir schon die salzige Luft des Seebades ein.

Als wir bei Möwenschreien die steile Hauptstraße zur *Seafront* hinuntergehen, sieht man schon am Horizont das Meer silbrig über den Hausdächern schimmern. Über ein paar Umwege durch die belebten, engen *Laines*, das Zentrum des alten Fischerdörfchens, in dem sich heute ein Café an das andere reiht, gelangen wir schließlich an die Strandpromenade.

Wir gehen im Sonnenschein am Meer entlang, vorbei an schlafenden Rentnern in blau-weiß gestreiften Sonnenstühlen, vorbei an Karussellen und unzähligen Süßigkeitenständen voller grellroter und gelber Zuckerstangen und natürlich den obligatorischen *Fish-and-Chips-Shops*. Eine kleine Portion vom *Best*

Fish'n'Chip Shop in the World leisten wir uns auch, setzen uns dann mit unseren Pommes mit Essig und zwei Plastikbechern Tee auf den Kieselstrand. Ein bisschen vermisse ich zwar die einsamen Sandstrände meiner Kindheits-Urlaube in Dänemark, aber Jake scheint ganz in seinem Element zu sein.

„Wer da noch einen Urlaub nach Spanien bucht, muss verrückt sein! Besser als das hier geht nicht!"

Wir überlegen, wie schön es wäre, hier zu wohnen: einen Steinwurf von London entfernt, vor uns das Meer und über uns die Möwen. Jake erzählt mir von seinem Bruder, der auf einer winzigen Insel namens Piel Island vor der englischen Nordwestküste wohnt, die zwar keinen Strom, dafür aber ihren eigenen König hat. Der jeweilige Landlord des einzigen Pubs der Insel hat seit dem Mittelalter das Recht, sich *King of Piel Island* zu nennen.

„Nächstes Jahr müssen wir ihn unbedingt zusammen besuchen."

Aber erst einmal fantasieren wir weiter über Brighton.

„Stell dir vor, du würdest jeden Morgen an der Strandpromenade entlang zur Arbeit gehen, anstatt dich in die volle U-Bahn pressen zu müssen", träume ich vor mich hin.

„Obwohl ich die *Tube* schrecklich vermissen würde. Egal wie voll und stickig."

„Das ist der Beweis: *You are a proper Londoner now*!" Fast fühle ich mich mittlerweile wirklich so: Wenn mich jemand fragt, woher ich komme, ist die Antwort ein automatisches „London". *Nord*london, versteht sich.

Ich schaue aufs Meer hinaus und beobachte die Möwen, die erschreckend tief über unseren Fish'n'Chips kreisen. Ein ganz besonders großes Exemplar setzt zum Sturzflug an und ich bewerfe den Vogel zur Abwehr mit dem größten *Chip*, der sich auf meinem Pappteller noch finden lässt. Die Möwe fängt ihn im Flug auf und wir haben erst mal unsere Ruhe.

Dann zeigt Jake plötzlich auf eine Figur, die eilig an der Wasserkante entlangjoggt.

„Das gibt es doch nicht, *it's the fucking jogger*!"

Jake hat wie so viele seiner Landsleute die Angewohnheit, um der Emphase willen in jeden Satz mindestens ein *fucking* einzubauen. Er scheint zu glauben, so seinen Aussagen mehr Gewicht zu verleihen.

„That's fucking great!", ruft er, wenn Arsenal London endlich ein Tor schießt. *„I can't* fucking *believe it!"*, wenn der Gegner es tut.

„Kannst du nicht mal aufhören, ständig zu fluchen, es hängt mir allmählich zum Hals raus", beschwere ich mich dieses Mal.

„I never fucking *do"*, sagt er und schaut mich verwirrt an. „Wann um alles in der Welt habe ich denn zum letzten Mal geflucht?" Ich gebe auf.

„Du meinst doch wohl nicht etwa *den* Jogger?"

In der *Holloway Road* begegne ich jeden Tag mindestens einmal einer merkwürdigen Gestalt, die von den anderen Bewohnern und meinen Freunden einfach als „der Jogger" bezeichnet wird. Seinen Namen hat er auch wirklich verdient, denn tagaus, tagein trägt er, wie auch immer das Wetter sein mag, Joggingschuhe, knappe Shorts und ein T-Shirt mit der Aufschrift „Wimbledon 1987".

Trotz seines ständigen Joggens könnte er nicht ungesünder aussehen. Sein Gesicht und die staksigen, spargelähnlichen Beine sind so fahl, als hätten sie seit Jahren kein Sonnenlicht mehr gesehen, dabei sind sie ja ununterbrochen Wind und Sonne ausgesetzt und seine Wangenknochen stechen hervor wie Messerklingen.

Die Gestalt kommt näher.

„Kannst du nicht sein T-Shirt sehen? Das ist tatsächlich unser Jogger!" Ich schiele gegen die Sonne und entziffere dann wirklich den unverkennbaren Schriftzug auf dem Hemd des Mannes.

„Entweder er verfolgt uns oder er verbringt wirklich den Tag damit, von London nach Brighton und wieder zurückzulaufen."

„Zwei Marathons pro Tag? Das kann doch wohl nicht sein", zweifele ich Jakes Idee an. Wir gehen ihm ein Stück nach, um zu sehen, in welche Richtung er weiterläuft. An einem Imbissstand kauft er auf der Stelle laufend eine Tasse Tee und rennt dann, beim Joggen ein paar Schlucke trinkend, eilig am Strand entlang weiter.

„Irgendwann werden wir noch rausfinden, was es mit dem Jogger-Mann auf sich hat", verspreche ich Jake. Wir setzen uns in ein paar rotgestreifte Liegestühle, zahlen dem Strandwart ein Pfund Sitzgebühr und genießen den warmen Sonnenschein. Jake ist plötzlich überraschend still geworden.

„Ich kann mir gar nicht mehr vorstellen, woanders als in London zu wohnen. Wenn man mal hier gelebt hat, muss einem selbst Köln oder Hamburg provinziell vorkommen", unterbreche ich sein Schweigen. „Ich kenne viele, die nur für ein paar Monate zum Englischlernen nach London gekommen sind und zehn Jahre später immer noch hier sind." Er schweigt wieder.

„Du könntest dir also nicht vorstellen, für eine Weile in einer anderen englischen Stadt zu leben?", fragt er dann gedrückt.

Ich spüre, dass ihm etwas auf dem Herzen liegt. Schließlich rückt er mit der Wahrheit heraus.

„Ich muss in drei Monaten nach Manchester ziehen. Ich habe ein Jobangebot dort, das ich einfach nicht ausschlagen kann."

„Ein Jobangebot?", bekomme ich gerade noch heraus.

„Man hat mir angeboten, als Talentscout für eine Plattenfirma zu arbeiten. Ich müsste zu so vielen Konzerten wie möglich gehen und mich nach neuen Talenten umschauen. Einen perfekteren Job gibt es glaube ich nicht, oder?"

Mir fällt nichts ein.

„Wir könnten uns jedes zweite Wochenende sehen, oder –", er zögert. „Oder hättest du nicht Lust, mitzukommen? Für ein paar Monate? Wenn es dir nicht gefällt, können wir ja jederzeit wieder nach London zurückziehen."

Die Idee kommt zu überraschend für mich, um über die plötzlichen Entwicklungen geschockt zu sein. Ich denke an all die Leute und Orte in London, die ich liebgewonnen habe und schrecklich vermissen würde, und die ganzen Pläne, die ich schon für mein zweites Jahr in der Stadt geschmiedet hatte. Und dann denke ich, wie traurig es wäre, sie ohne Jake ausführen zu müssen, und ich erinnere mich an mein Weihnachten in Manchester und dass es sich sicherlich auch dort gut leben lassen würde.

„Mit dem Zug bist du in zwei Stunden wieder in London, wir könnten also ohne Probleme einmal pro Monat zurückfahren."

„Und was wird aus Elli und Maddie und Felice und den anderen?"

„Auch in Manchester wirst du nette Leute kennenlernen. Warte es nur ab."

„Ich weiß nicht. Ich werde nicht mehr einfach in ein paar Stunden durch den Eurotunnel nach Hause fahren können, nicht mehr in der stickigen U-Bahn wie in einer Sardinendose um Platz kämpfen müssen, nie wieder einfach so gelangweilt durch Soho schlendern ..." Mir kommen fast die Tränen.

„Ich fühle mich hier so zu Hause, und ich habe immer das Gefühl, dass ich genau zur richtigen Zeit am richtigen Platz bin. Das möchte ich nicht so einfach aufgeben."

„Glaube bloß nicht, dass mir der Abschied leichtfallen wird. London ist und bleibt meine Heimat", sagt Jake.

„So wie die Muslime Richtung Mekka beten, werde ich für immer mein Pintglas in Richtung London heben", sagt er melodramatisch.

Wieder in London angekommen, berichte ich natürlich sofort Maddie und Elli von meinem Dilemma.

„Der Norden Englands ist schon sehr schön. Ich könnte mir auch vorstellen, irgendwann zurückzuziehen", meint Maddie diplomatisch. Aber Elli ist vehement dagegen.

„Ob du es willst oder nicht, bis November musst du jetzt auf alle Fälle hierbleiben, und wenn ich dich einsperren muss."

„Und warum gerade November?“

„Erinnerst du dich noch an unsere Wette – wer auch immer die meisten Punkte im *Celeb-Spotting* bekommt, wird ins *Ivy* eingeladen?“

„Ich habe natürlich verloren, aber was hat das mit November zu tun?“

Sie verzieht ihr Gesicht.

„Nein, natürlich habe ich verloren. Warum müssen aber auch immer die Deutschen gewinnen?!“, fragt sie mit gespielter Verbitterung. „Auf jeden Fall habe ich vor kurzem versucht, einen Tisch für uns im *Ivy* zu buchen, aber vor November haben sie keinen Tisch zur Verfügung. Nicht mal zum *lunch!* Und was anders könnte das bedeuten, als dass du unbedingt noch ein weiteres Jahr in London verbringen solltest?“